NOTICE

ET

SOUVENIRS DE FAMILLE

PAR

BLANCHE-JOSÉPHINE DE CORCELLE,

COMTESSE ROEDERER

Annotés et complétés par sa fille HÉLÈNE, *Madame* DE BARBEREY, *et publiés par sa petite-fille, la comtesse* ÉDOUARD DE LIEDEKERKE.

COMPAGNIE GÉNÉRALE D'IMPRESSIONS ET D'ÉDITIONS LYON-CLAESEN

(SOCIÉTÉ ANONYME)

BRUXELLES

&

PARIS

NOTICE ET SOUVENIRS

DE FAMILLE

NOTICE

ET

SOUVENIRS DE FAMILLE

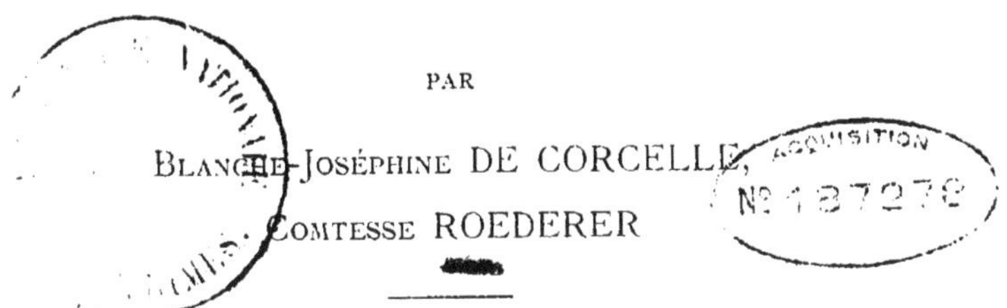

PAR

BLANCHE-JOSÉPHINE DE CORCELLE,

COMTESSE ROEDERER

Annotés et complétés par sa fille HÉLÈNE, *Madame* DE BARBEREY, *et publiés par sa petite-fille, la comtesse* ÉDOUARD DE LIEDEKERKE.

COMPAGNIE GÉNÉRALE D'IMPRESSIONS ET D'ÉDITIONS LYON-CLAESEN
(SOCIÉTÉ ANONYME)
BRUXELLES

1899

BLANCHE-JOSÉPHINE DE CORCELLE
COMTESSE ROEDERER

D'après un portrait fait par elle au moment de son mariage

AU LECTEUR

Je ne puis livrer au public ces souvenirs de ma grand'mère, la comtesse Roederer, sans parler de celle qui me laissa ce doux travail. Hélène de Barberey était la fille du colonel comte Roederer et de Blanche de Corcelle. Elle était l'aînée de quatre enfants et son intelligence, son esprit appliqué et chercheur la firent remarquer dès son jeune âge ; on pouvait déjà deviner ce que seraient plus tard ses goûts et ses occupations. Mariée à un homme distingué, aimable, érudit, M. Bailly de Barberey, elle eut le malheur de rester sans enfants et sa vie eût été solitaire si des travaux et des recherches littéraires ne l'eussent remplie. Ma tante était infatigable dans ses études consciencieuses. L'à peu près ne la contentait jamais, même pour les faits de minime importance. Que de fois j'ai admiré la correction de ses manuscrits, la persévérance minu-

tieuse de ses renseignements. Elle s'effaçait volontiers et son style très pur, très clair ne se devine généralement que pour lier entr'eux les textes et les lettres qu'elle cite. Jamais auteur n'a moins voulu se faire valoir. Ses œuvres, si sérieusement composées, eurent un grand succès; tout le monde connaît cet excellent livre de prières : Les Offices de l'Eglise, *que suivirent :* La Voix des Saints; Les instructions choisies des grands prédicateurs *et la* Vie de Mme Elisabeth Seton, *ouvrage charmant, qui fut couronné par l'Académie française. La mort (29 juillet 1898) la trouva encore occupée de travaux littéraires; elle avait préparé un livre de piété et les souvenirs de sa mère. En me laissant le soin pieux de les publier, ma tante m'a donné une preuve d'affection et de confiance, j'espère m'en montrer digne, par le respect avec lequel je livrerai au public le résultat de ses recherches, faites avec une touchante et filiale tendresse, et je serai heureuse si je fais aimer la mère et la fille comme elles le méritent.*

HÉLÈNE,

comtesse EDOUARD DE LIEDEKERKE.

Bruxelles, le 9 mai 1899.

PREMIÈRE PARTIE

Varax-Corcelle
à Hélène et Régine [1].

Vous me demandez, mes chères filles, quelque chose de plus difficile que vous ne croyez. Mon cœur et mon esprit sont demeurés, il est vrai, bien remplis de souvenirs de mes chers parents ; j'aime à les méditer, à me rappeler leurs maximes, leurs actions, pour m'y conformer et suivre leurs exemples. Souvent les choses actuelles me transportent au passé ; quelquefois il me semble avoir comme une intuition de leurs pensées, et cela influe certainement sur les

[1] Hélène : Madame de Barberey. Régine : Marquise de Ferrière-Le-Vayer.

miennes. Je préfère ce qu'ils ont eu en estime; les lieux, où je les ai vus, parlent sensiblement à mon cœur et, quand je m'y trouve transportée, tous ces petits souvenirs, qui vous font rire et louer ma mémoire, me reviennent en foule : et pourtant, chères filles, il me sera très difficile de vous donner une notice satisfaisante. Tout ce que j'ai appris de leur jeunesse ne m'a jamais été dit d'une manière suivie. Mon père était peu communicatif et son enfance ne lui avait pas laissé de doux souvenirs. Il avait un père sévère d'humeur et d'âge disproportionné au sien ; leurs relations n'avaient jamais été exemptes de cérémonial; ils avaient, du reste, bien peu vécu ensemble.

Mon bisaïeul, Alexandre de Corcelle, avait épousé, en 1720, Catherine de Giry, fille de François de Giry (1), baron de Vaux, et sœur de l'abbé de Giry, précepteur du Dauphin, fils de Louis XV.

Je me souviens de mon grand-père, j'avais onze ans à sa mort (2). Son souvenir représente à ma pensée un grand et sec vieillard, taciturne et pourtant actif par son regard, auquel rien n'échappait. Il avait eu un frère aîné qui fut tué à la bataille de Fontenoy, et qui était, dès lors, la gloire de la famille. Il semble qu'en le perdant, leur père

---

(1) Voir *Notes et documents contemporains*, p. 205, note 1.

(2) En 1808, il était âgé de 79 ans, étant né en 1729.

aurait dû reporter, au fils qui lui restait, une plus grande part d'affection ; au contraire, la vue de mon grand-père lui rappelait la perte d'un enfant préféré, et mon pauvre grand-père, que j'ai vu si peu gracieux, devait cette disposition aux tristesses de sa jeunesse. Il suivit la carrière militaire, comme tous les Corcelle, et la quitta pour se marier à 37 ans [1], capitaine avec la croix de Saint-Louis, qui n'était pas prodiguée sous le règne de Louis XV.

Ma grand'mère, Françoise-Geneviève, était une Gayot de Mascranni [2].

Elle avait une sœur, mariée à M. de Brosses, et son frère épousa Mlle de Montbriand ; tous deux morts avant que j'aie pu les connaître. Les Mascranni étaient d'une famille ancienne, venue en France avec les Médicis; leur origine est italienne, Gayot est Gallioti francisé. Ma grand'-mère, mariée à dix-huit ans, grande et fort belle, avait dix-neuf ans de moins que son mari [3]. Je l'ai connue longtemps ; elle a pu être marraine de mon fils Pierre.

Il ne pouvait se rencontrer de plus grands contrastes que dans ces deux caractères unis par le mariage. Ma grand'mère était gaie, jusque dans sa vieillesse, et d'une humeur si facile, qu'elle

(1) En 1766.

(2) Voir *Notes et documents contemporains,* p. 205, note 2.

(3) Née en 1747, mariée en 1766.

n'avait pas, je crois, souffert de passer sa vie sous un joug qui se faisait sentir.

Elle plaisantait de ce qui aurait pu la faire pleurer. Son mari tenait son rang, tout en mettant beaucoup d'entente et d'ordre dans ses affaires : elle eût aimé le luxe, et quand elle restait seule à Corcelle, elle en profitait pour faire quelqu'embellissement: au retour, mon grand-père grondait, se fâchait, puis, quand venait une visite, il se faisait honneur des nouveaux arrangements en s'en attribuant le mérite. C'est elle qui me l'a conté, mais j'anticipe.

Elle m'avait aussi dépeint la vie du château, lorsqu'elle y fut amenée à son mariage. Elle trouvait un beau-père malade, rechigné, ayant pour compagne une sœur de même âge à peu près que lui, Mlle de Fleury [1], pas agréable mais inoffensive. Elle passait toute la journée à son rouet, sous le manteau de la cheminée de la cuisine: cette cheminée était grande comme une alcôve; de cet observatoire, elle tirait toutes ses distractions.

La jeune femme fut bien reçue, son beau-père se dérida pour elle ; cinq enfants lui arrivèrent. On les mit de bonne heure en éducation, car mon père était dans une pension de Paris, qu'il

[1] Nom de la seconde fille de la famille, du nom de Fleury, gros bourg compris dans la juridiction de la Seigneurie de Corcelle.

avait à peine six ans. En ce temps là, le voyage de Paris était une chose très rare, mes parents y étaient venus solennellement et c'était un grand souvenir de bonne-maman d'être allée à Versailles voir le dîner du Roi.

Mon père, dans cette pension, était très mal traité ; on ne lui apprenait que des leçons de perroquet pour faire de l'effet. Cette pension devait être bien mal tenue, car c'est là qu'arriva cet horrible accident d'un enfant pendu par ses camarades. Le maître leur avait donné le divertissement d'aller voir une pendaison de justice, et à la récréation, ces malheureux se mirent à jouer au pendu. Celui qui en jouait le rôle, attaché à une branche du jardin, faisait toutes les contorsions de la souffrance. Les autres riaient, trouvant qu'il était bon acteur ! Quand les maîtres survinrent, il était trop tard.

Ce maître faisait écrire des lettres moulées au pauvre enfant et lui tenait la main pour assurer à ses parents qu'il était on ne peut mieux. Ce fut un puissant motif d'application pour mon père, qui parvint enfin à griffonner lui-même un mot sur sa situation. C'était bien chanceux de le faire parvenir ; il ne fallait pas penser aux gens de la maison ni à mettre soi-même sa lettre à la poste pendant une promenade. Il porta longtemps cette pauvre lettre avec lui, tremblant qu'elle ne fût découverte, et enfin, un jour de sortie, il la confia à un mendiant déguenillé qui la mit avec fidélité dans la boîte aux lettres. Je crois qu'elle ne contenait que quatre mots, mais si mal écrits, si différents des épîtres officielles, qu'ils persuadèrent immédiatement les parents de retirer leur enfant des mains de ce charlatan.

L'on mit mon père au Collège des Grassins, où il a été élevé jusqu'à quinze ans, puis il entra à l'École militaire. Là, il fut camarade du jeune Napoléon Bonaparte et de Junot. Bonaparte était très sérieux et orateur, il aimait à pérorer. Nous tenons de mon père que quoique l'esprit de l'École fut philosophique, comme était, malheureusement, celui d'une partie des classes élevées, Bonaparte était dévot et pratiquait sans aucune espèce de respect humain.

Junot, le futur duc d'Abrantès, était un écervelé d'une adresse téméraire. Dans les promenades, il sautait au-dessus des profondes carrières des environs de Paris, en prenant un premier élan du bord de la roue mobile, et le second de cette roue à l'autre bord. Les élèves de l'École prenaient leurs repas à de petites tables de quatre couverts seulement, mon père fut longtemps de la même table que le futur empereur.

Je ne sais rien de l'éducation des autres enfants de mon grand-père. Le second fils, Hyacinthe, fut page du Duc de Penthièvre, je crois. Le troisième, François, était destiné à l'Église. Il avait fort avancé de très bonnes études quand vint la Révolution. Mes tantes furent élevées au couvent des Ursulines à Lyon. Jenny, l'aînée, était Mlle de Corcelle, la seconde, Geneviève, Mlle de Fleury.

Les Tircuy de Corcelle, originairement Tircuy de la Barre, étaient de noblesse féodale. Fixés d'abord en haute Bourgogne, ils furent transplantés en Beaujolais, à la suite des guerres de la Ligue. L'un d'eux, Lazare de la Barre, était attaché au duc de Mayenne. Son manoir attaqué en son absence par les ennemis, défendu par sa femme Philiberte, n'en fut pas moins détruit et brûlé avec ses titres de noblesse. Il les remplaça par l'attestation signée de tous ses contemporains et voisins nobles (1). Avec le prix de la rançon du maréchal d'Ornano qu'il avait fait prisonnier, il acheta la seigneurie de Corcelle dont il prit le nom (2). Tous, après lui, suivirent la carrière des armes ; puis, après un temps plus ou moins long, revinrent continuer chez eux les traditions de bons gentilhommes de province.

La famille de ma mère, des plus considérées à Lyon, devait la noblesse aux charges municipales. Hugues de Rivérieulx de Varax, fils d'Etienne de Rivérieulx de Varax, fut prévôt des marchands de Lyon, en 1649. De son mariage

---

(1) Voir *Notes et documents contemporains*, p. 205, note 3.

(2) En 1593.

avec Blanche Albanel, Dame de la Duchère, il eut onze enfants desquels, le huitième, Jean-Claude de Rivérieulx de Varax, fut mon grand-père. Celui-ci était, avant la Révolution, officier au Régiment d'Escars-Cavalerie. Il fit campagne en Italie, en 1746, et se trouvait à quinze ans à la bataille de Plaisance. L'affaire finie, le pauvre enfant fut si fatigué qu'il se coucha sur un chariot de bagages, et dormit pendant 24 heures. Retiré jeune du service, il épousa [1] Mlle Marie-Marthe-Sabine de Vidaud de la Tour, fille de Joseph de Vidaud de la Tour et de Jeanne-Madeleine de Mondragon. Elle était d'une santé délicate et lui donna néanmoins neuf enfants. Le dernier, François-Marie, ne faisait que naître, quand elle mourut [2]. Hélène, ma mère, qui était huitième de ses enfants, avait alors quatre ans.

Les frères et sœurs de ma mère [3] furent : M. de Marcilly [4], qui vécut dans un âge avancé, et ne se maria pas, bien qu'il fut l'aîné ; M. de Civrieux, qu'on appela plus tard M. de Varax [5], M. d'Ars et Jean-François, qui moururent avant la Révolution; M. du Bouchet [5] et François-

---

(1) En 1763.
(2) En 1777.
(3) Hélène de Varax, plus tard Mme de Corcelle.
(4) Claude de Varax de Marcilly, né le 2 avril 1766.
(5) Jacques de Varax, né le 18 mars 1767.
(6) Né le 28 juillet 1770.

Marie [1], qui furent, tous deux, tués après le siège de Lyon. Ses sœurs furent Blanche, devenue Mme de Guichard [2], et Annette, morte jeune [3].

Mon grand-père avait une grande fortune et était mal aisé, parce que, ayant gardé toutes les terres de l'héritage paternel, il avait dû payer les légitimes de ses frères et sœurs. Il avait conservé sa mère qui avait apporté dans la maison une grande fortune, ainsi que la Duchère, belle résidence à la porte de Lyon ; c'est là qu'elle demeurait, ayant avec elle tour à tour ou ensemble l'un ou l'autre de ses neuf enfants. C'était le plus habituellement ses filles, Mmes de Pusignan [4], de Béreins [5] et de Revol [6], et son fils, M. de Gage, destiné à posséder la Duchère. Elle y fit venir ma tante Blanche, quand celle-ci sortit du couvent, après que son père, M. de Varax, fut devenu veuf. Ma tante m'a conté qu'elle était habituellement au salon, gantée, un éventail à la main, aidant sa

(1) Né en 1777.

(2) Née le 26 octobre 1764.

(3) Née en 1768.

(4) Blanche-Anne-Marie de Varax, mariée en 1746 à Pierre-Thimoléon Gaultier, écuyer, seigneur de Pusignan, secrétaire du Roy, échevin de Lyon

(5) Marguerite Élisabeth de Varax, mariée en 1756 avec Jean de Noyel, seigneur du comté de Béreins, Sermesy, etc., capitaine au Régiment de Picardie.

(6) Hélène de Varax, mariée en 1761, avec Joseph, comte de Revol.

grand'mère à recevoir de nombreuses visites.

Ma tante nous parlait de cette grand'mère, ma bisaïeule, comme d'une toute petite personne, qui haussait sa taille par la hauteur de ses manières. Même à l'âge de 40 ans, ses enfants étaient tenus de lui dire où ils allaient quand ils sortaient de son salon. Elle avait plus de tête que de sensibilité, à juger par sa prudence au moment de sa dernière couche. Son mari avait une fièvre pernicieuse; elle n'avait pas laissé de lui donner des soins, jusqu'à ce que sentant les premières douleurs, elle quitta la chambre de son malade et, se rendant dans la sienne, défendit qu'on lui en donnât aucune nouvelle, jusqu'à ce qu'elle fut bien rétablie. Elle en demanda seulement alors et apprit qu'elle était veuve.

C'est à Marcilly [1] que mon grand-père de Varax vivait dans la belle saison. Il y était fort aimé et aimait qu'on fut heureux autour de lui. D'un remarquable embonpoint, il disait en riant : *Grosses gens, bonnes gens*. Quoique d'humeur bienveillante et facile, il gouvernait chez lui et tenait aux bonnes manières de ses enfants. Ne permettant pas aux garçons d'approcher du feu : *Honneur aux dames, Messieurs,* leur disait-il, en faisant avancer ses filles. L'intérieur de cette belle famille était tout patriarcal; c'était un mélange de simplicité

[1] Marcilly d'Azergues, à quatre lieues de Lyon.

et de grande existence. J'ignore à quelle époque eut lieu le mariage de ma tante Blanche ; ce fut avant la révolution, à Marcilly, dans la chapelle du château [1]. Elle épousa M. de Guichard, conseiller au Parlement des Dombes, veuf sans enfants, d'une très ancienne famille de robe du pays. M. de Guichard était très pieux, de mœurs austères, janséniste à la limite de l'orthodoxie. La charité réglait l'emploi de sa fortune qui était fort belle ; il avait deux sœurs, Mmes de Bonrepos et de Bernon. Sa résidence habituelle était le château de Beauregard, que préférait également ma tante Blanche. Ma mère y séjournait souvent, en visite auprès d'eux. Elle avait conservé de ce temps trois uniques lettres, véritables reliques, et souvenirs du deuil de toute sa vie, ceux qui les lui avaient adressées, son père et son frère Hugues-César de Varax du Bouchet, ayant péri bien peu de temps après les avoir écrites, victimes immolées par la Révolution. Ces lettres les voici :

Monsieur de Varax à sa fille Hélène,
au château de Beauregard.

Lyon, fin septembre 1792.

J'ai reçu, ma chère Hélène, par votre messager la lettre que vous m'avez fait l'amitié de m'écrire,

---

(1) La date du mariage de Blanche de Varax est le 15 avril 1789.

qui m'a fait le plus grand plaisir ; j'y aperçois toujours cette délicatesse de sentiments qui vous caractérise ; j'ai eu bien de la satisfaction de la lire. Vous me donnez des nouvelles de votre sœur et de M. de Guichard, cela ajoute à mon contentement ; dites-leur bien des choses de ma part ainsi qu'à l'archiprêtre. Quand vous voudrez bien venir, les uns ou les autres, à Marcilly ou à Lyon, j'en serai enchanté ; ma position actuelle exigeant que je laisse toujours deux de vos frères à Lyon, les autres viennent à Marcilly avec moi et nous revenons le samedi au soir.

L'on a mis bas, il y a douze ou quinze jours, le cheval de bronze [1] ; je suis obligé de faire effacer les couronnes et fleurs de lys incrustées dans le fronton de ma maison qui se trouve vis-à-vis. M. de Grollier en a fait autant, les circonstances l'exigent.

L'on nous a dit hier que MM. Vitet et Pressavin étaient nommés députés [2] et qu'ils acceptaient. Notre ville est heureusement bien tranquille ; je

---

(1) La belle statue équestre de Louis XIV, qui ornait la place Louis XIV, aujourd'hui place de Bellecourt. Aux côtés du piédestal, étaient deux statues, hautes de dix pieds, le Rhône et la Saône, chefs-d'œuvre des frères Coustou.

(2) Députés à la Convention. Vitet, médecin, était maire de Lyon depuis l'année 1791 et président du département du Rhône-et-Loire. Lors du procès du Roi, il ne vota pas la mort. Son collègue Pressavin, élu en même temps que lui, a la tache de régicide.

dîne aujourd'hui avec vos frères et votre oncle de Lozanne, chez votre tante de Revol. Votre oncle de Gage est à la Duchère, qui se porte bien ainsi que les Berains (1). Vos frères me chargent de vous dire beaucoup d'amitiés. Votre messager me presse pour aller prendre la diligence, cela ne me laisse que le moment de vous renouveler les assurances de toute ma tendresse paternelle, avec laquelle je serai toute ma vie votre bon père.

VARAX.

Hugues-César de Varax du Bouchet (2)
à sa sœur Hélène.

Lyon, ce 13 octobre 1792.

Comme j'arrivai à Lyon, ce soir, on me remit une lettre qui était adressée à mon frère qui demandait une réponse sur le champ. Il était à la campagne, et sur ce que je reconnus que la lettre était de Blanche, je pris la liberté de la décacheter. Je pense qu'elle n'en sera pas scandalisée, ni de ce que je t'adresse la réponse, ma très chère amie, pour au moins avoir le plaisir de t'entretenir un petit moment; car il est juste de distribuer ses faveurs, et j'espère que tu voudras bien accorder les tiennes à un frère qui t'aime de

(1) Béreins.
(2) Né en 1770, officier au régiment de Rouergue, infanterie.

tout son cœur et qui les recevra avec bien du plaisir.

Comme tu as la mémoire bonne, tu te rappelleras sans doute que dans nos petits tête-à-tête, que je voudrais voir se renouveler plus souvent, nous avions pris l'engagement d'être en correspondance ensemble. Elle devait commencer après que j'aurais été en voyage; ce moment-là semble fort éloigné; l'impatience, jointe au plaisir de recevoir de tes lettres, me fait devancer le terme, sans scrupule de ma part. Je pense bien, ma très chère sœur, qu'il n'y en aura aucun de la tienne. Si toutefois tu en avais, j'aimerais mieux me priver que d'engager en rien ta conscience qui est si blanche. Mais là-dessus tu es entourée de trop bons casuistes pour que je te donne aucun conseil. Je reviens à la lettre par laquelle vous nous mandez votre projet de venir à Lyon, je te dirai que mon père en a fait autant de son côté; par le sien, vous viendriez le 20 ou le 22 à Marcilly, où vous passeriez la semaine, avec M. et Mme de Jarlay [1] et mon oncle de Lozanne, qu'il a invité pour ce temps-là. Il compte passer encore quinze jours à la campagne et de là revenir établir son séjour à Lyon.

Pour nouvelles de ville, je t'apprendrai la prise

[1] Bernard de Rivérieulx de Jarlay, chevalier de Saint-Louis, colonel d'artillerie, maréchal de camp, marié à Antoinette de Fétan. Emigré en 1792, mort en Suisse en 1795. Cousin de M. de Varax au deuxième degré.

de Worms par M. de Custine, qui s'était déjà rendu maître de Spire, où il avait fait 3,000 prisonniers. Il a trouvé dans ces deux villes beaucoup de munitions de bouche et de guerre. Tu dois savoir, je pense, la retraite des Prussiens, qui ont évacué Clermont en Argonne et Grand-Pré, leur arrière-garde étant très harcelée par Dumouriez et ses généraux en sous-ordre qui leur ont fait beaucoup de prisonniers, parmi lesquels se trouvent des émigrés; ainsi que la prise de Nice, Montauban et Villefranche, pris par M. Anselme. Les Autrichiens ont tenté le siège de Lille, après avoir incendié une partie de la ville par l'éclat des bombes; tout cela est officiel.

Pour nouvelles de campagne, nous avons eu M. de Jarlay et mon oncle de Lozanne toute la semaine; je suis revenu ce soir à Lyon avec eux. La ville est calme pour le présent. Nous nous portons tous fort bien. Mille amitiés à M. et Mme de Guichard. Pour la dernière, je te charge de l'embrasser de ma part.

Essaie mes respects à M. l'archiprêtre. Adieu, ma très chère amie, bonne, douce, aimable et vertueuse sœur. Je t'embrasse de tout mon cœur et suis avec un attachement pour la vie

Ton frère et ami,

V. B.

J'oubliais de te dire que Perrette se porte fort bien. On s'est défait de Brillant.

Hugues-César de Varax du Bouchet
à sa sœur Hélène.

Lyon, ce 1er décembre 1792.

Charmant commencement, ma chère Hélène. Je regrette que tu n'aies pas continué tes petites réprimandes; elles sont douces comme le miel; mais ne serait-ce pas patte de velours? Je pense bien que non; et puis quand même! Mon Evangile me dit de ne point penser mal de mon prochain et, en homme fidèle à ses devoirs, je te pardonne! Trève aux plaisanteries. Crois que le plaisir que tu prends à cette correspondance n'est pas moins vif de ma part. Pourquoi cacherais-je ce sentiment à celle qui veut bien le partager avec moi? Oui, ma chère Hélène, il me semble que depuis que nous l'avons commencée, mon cœur n'éprouve plus ce vide qu'il avait auparavant; il avait besoin de s'épancher dans le sein d'une amie. Il l'aurait encore bien moins, si les souhaits d'un mortel pouvaient être exaucés, qui sont de nous voir tous réunis et vivre en famille, avec le père en tête; malheureusement, cela ne se peut pas. Crois aussi que le désir de cette réunion ne serait pas partagé par moi seul; il le serait encore par mes frères, ma chère Hélène. Oui, j'en suis le garant. Si tu savais l'attachement qu'ils ont pour toi, tes craintes n'existeraient plus; et ne les attribue qu'à ton cœur trop sensible, qui aime à être payé de retour.

Qui peut les connaître mieux que moi, qui ai toujours vécu avec eux? Ils peuvent quelquefois avoir le dehors contre eux, mais le fond est bon.

Je pourrais te citer un trait de Marcilly qui fait bien l'éloge du sien; c'est quand il apprit le décret qui annulait les substitutions : « *Eh bien* », s'écria-t-il avec une joie qui était peinte sur son visage, « *Tant mieux! car c'était une grande injustice!* » Voilà le caractère d'une belle âme. Je te cite ce trait pour te montrer l'attachement qu'il a pour sa famille, et que tu partages aussi; et je pense bien qu'il est commun entre nous tous.

Les nouvelles sont très affligeantes, il vient d'éclater dans cinq ou six départements des émeutes concernant les subsistances, entr'autres à Vendôme où il s'est fait un rassemblement de six mille hommes, qui ont obligé la municipalité à taxer les grains, ce qui s'est fait sans aucune opposition de sa part. Ils doivent se transporter de là à Blois.

L'éclat est près de se faire aussi dans d'autres endroits. Pourvu qu'ils ne s'en tiennent qu'à la taxe! Je crains bien le contraire. Ma crainte est que cela ne nous replonge encore dans l'anarchie. Mais il faut se soumettre à la Providence qui ne nous abandonnera pas.

Pour le succès de nos armes, ils sont aussi heureux qu'on pouvait l'espérer; nous voilà déjà maîtres de tous les Pays-Bas, à l'exception de Maestricht, qui nous attend à bras ouverts. Ainsi, ma chère Hélène, tu vois que, bientôt, on saura apprécier l'état de l'homme et ses droits qu'on méprisait si fort autrefois. De quelle gloire le nom français ne se couvrira-t-il pas, s'il parvient à donner ses principes de philosophie aux autres peuples! L'événement dont notre ville a été le théâtre, samedi dernier, a coûté la vie à une douzaine de personnes; les détails, je ne les connais pas encore bien; je te dirai seulement que toute la ville a vu chasser ce bataillon avec bien du plaisir. Mon père n'y est point venu; il a retardé son voyage d'une semaine. Pour nous autres, nous comptons retourner demain dans notre solitude, pour reprendre notre même train de vie qui, je pense, ne sera que jusqu'à la semaine prochaine, moment où nous viendrons habiter la ville, dont le séjour pourrait bien se prolonger jusqu'aux Rois.

Adieu, ma très chère amie, il faut finir malgré moi; mes yeux s'endorment, aussi tu dois le connaître au griffonnage de ma lettre. Embrasse de tout ton cœur ma sœur (1) de ma part; mes res-

---

(1) Mme de Guichard.

pects aux étrangers. Je me dis pour la vie ton affectionné frère,

V. B.

Le séjour dans les campagnes ne devint plus tenable à la fin de l'année 1792. Un voisin de Marcilly fut assassiné. Les assassins, portant sa tête au bout d'une pique, firent trophée de leur crime, de château en château. Annette, la seconde des sœurs de maman, relevait d'une grave maladie; elle fut si saisie qu'elle fit une rechute et mourut.

Mon grand-père quitta Marcilly et rentra en ville, emmenant Hélène, ma mère, avec lui. Si menacés que fussent les honnêtes gens au milieu des villes, c'était encore là qu'ils pensaient vivre moins en danger. L'horreur était partout.

Lyon était alors dominé par son club central composé des Jacobins forcenés. Charlier, qui le présidait, était une doublure de Marat, exalté, féroce. Enhardi par la mort du Roi, il fit arrêter des centaines de citoyens, le sang coula, la guillotine fut promenée par les rues. L'excès du mal engendra le désespoir; une réaction s'en suivit qui fut un moment triomphante. Le club central fut fermé, les Jacobins chassés de l'hôtel de ville; Charlier, mis en jugement, convaincu d'avoir organisé le meurtre et le pillage, fut exécuté le 29 mai 1793.

Le mouvement de résistance commencé à Lyon

éclata successivement dans plusieurs provinces; il fut l'explosion de l'horreur qu'excitaient les crimes de la Montagne. Aussi bien à Caen qu'à Marseille, à Bordeaux, à Lyon, les comités d'insurrection déclaraient que la Convention avait cessé de représenter l'esprit français et qu'il était indispensable de mettre un frein à ses projets désastreux. Les combattants, d'ailleurs, n'avaient point d'autre drapeau que celui dont l'infortuné roi Louis XVI avait adopté les couleurs en 1791.

La Convention, par l'organe de son Comité de Salut public, décréta que les villes rebelles seraient réduites avec la dernière rigueur. Obéissant à ses ordres, plusieurs corps détachés de l'armée dite des Alpes se dirigèrent sur Lyon. Les Lyonnais se mirent en état de défense, n'ayant à choisir qu'entre deux partis, subir les vengeances de la Convention ou périr noblement en vendant chèrement leur fortune et leur vie. La lutte, d'autre part, n'était pas sans espoir; les faits ont démontré que l'héroïque initiative des Lyonnais, soutenue avec plus d'ensemble et d'énergie, aurait créé la puissance qui fit défaut à la France pour s'arracher à la tyrannie [1].

Le comte de Précy fut choisi pour commander l'armée des Lyonnais. M. de Chênelette, ancien officier d'artillerie, dirigea les ouvrages de la défense avec une extrême ardeur et une expérience

(1) Voir *Notes et documents contemporains*, p. 205, note 4.

consommées. Il était cousin des Varax, qui tous avaient pris rang parmi les défenseurs; François de Varax de Gage, frère de mon grand-père; M. de Béreins de Sermesy, marié à l'une de leurs sœurs; mes deux oncles, frères de ma mère, Hugues-César du Bouchet et François, âgé de seize ans. Le château de la Duchère fut occupé par les Lyonnais. Situé sur la colline qui domine le faubourg de Vaize et sépare la route du Bourbonnais de la route de Bourgogne, il devint l'un des principaux centres des opérations militaires. Après que Dubois-Crancé l'eut enlevé de vive force, il représenta cette conquête comme un grand avantage pour les assaillants.

Le siège commença le 8 août sous les ordres de Kellermann et de Dubois-Crancé : Doppet leur fut adjoint plus tard. Gauthier, Couthon, Maignet, Laporte, Javogne, Collot-d'Herbois, députés à la Convention, se disant les représentants du peuple, furent successivement envoyés près des généraux pour, à la fois, exciter leur ardeur, surveiller leurs actes, et, dans l'occasion, les dénoncer, suspendre leur commandement, les mettre en accusation. La mise en accusation était autant dire l'envoi à l'échafaud.

Dans la nuit du 8 au 9 août, Lyon connut, pour la première fois, les horreurs du bombardement. Le feu prit à l'arsenal; une partie de la ville fut dévorée par les flammes. Rien ne fut épargné, pas même l'hôpital, rempli de malades et de blessés (1).

Les ressources des assiégés s'épuisaient. Le cercle autour d'eux se rétrécissait chaque jour davantage : les vivres devinrent rares et hors de prix. La farine pour faire le pain, le lait, les œufs vinrent à manquer. Bientôt, on en fut réduit à ne distribuer à chaque individu qu'une ration d'avoine (plein un gobelet) par jour. La viande des chevaux tués se vendait quarante sous la livre. N'en avait pas qui voulait : grand nombre d'infortunés périrent alors, par suite de nourriture insuffisante ou malsaine (2).

Collot-d'Herbois, le membre le plus actif du Comité du Salut public, a deux surnoms, *le Tigre* et *le Mitrailleur*, mais sans qualificatif, il semble que son nom suffit pour amener l'épouvante; il personnifie la rapacité, la perversité, se donnant toute licence : Ainsi Carrier, à Nantes; Tallien, à Bordeaux : Lebon, à Arras; Jourdan-coupe-tête, à Avignon : Fréron, à Marseille.

Les collègues de Collot, qui s'abattirent avec lui sur Lyon, étaient pervers autant que lui; Gauthier, Couthon, Laporte, Reverchon, Javogues, Fouché, Châteauneuf-Baudon, sanguinaires terroristes. Etablis par eux, les tribunaux révolutionnaires, les commissions militaires, les commissions de justice populaire, les comités sous mille

---

(1) Voir *Notes et documents contemporains*, p. 207, note 5.

(2) Voir *Notes et documents contemporains*, p. 208, note 6.

noms de terreur, commencèrent leur œuvre. On entassa dans les prisons les hommes de toutes les classes, les nobles, les riches, les prêtres réfractaires, soupçonnés d'avoir pris part à la défense. Le tribunal se contentait de constater leur identité, ils étaient hors la loi, pour le seul fait d'avoir combattu. La famille de ma mère compta de nombreuses victimes. Elle perdit sur l'échafaud son père : Claude de Varax; son oncle : Varax de Gage, frère aîné de son père; et un autre de ses oncles, M. de Bereins de Sermesy, mari d'Elisabeth de Varax. Ses deux frères, Hugues-César, si intimement lié avec elle, et François, presqu'un enfant, le dernier de la famille, furent tous les deux mitraillés aux Brotteaux, vaste plaine sur l'autre rive du Rhône, où, pour en finir plus vite, Couthon et Collot-d'Herbois faisaient ainsi périr les défenseurs de la ville, par bandes de plusieurs centaines. On les amenait de la prison au lieu du supplice, attachés deux à deux, formant une longue file; et de chaque côté, une haie de soldats. Ce qu'on raconte de l'attitude de ces condamnés, marchant à la mort, est sublime. Nul gémissement, nulle plainte, mais un chant d'enthousiasme, l'hymne du dévouement jusqu'à la suprême immolation :

Mourir pour la Patrie,
C'est le sort le plus beau
Le plus digne d'envie.

La décharge de l'artillerie n'était pas mortelle pour tous ; ceux qui n'étaient que mutilés étaient achevés par les soldats à coups de crosse et de sabre. On les enterrait sur place, dans des fosses creusées d'avance.

Ma tante de Guichard m'a dit que ma mère put visiter dans sa prison son frère du Bouché blessé, et qu'elle fit mille efforts inutiles pour sauver son père. Les gens de Marcilly, le maire en tête, vinrent réclamer M. de Varax, malgré le péril d'une telle démarche. Leur dévouement n'obtint pas sa délivrance.

C'est à l'hôtel de ville, dont plusieurs salles avaient été converties en prison, que furent enfermés mon grand-père et ses deux fils, Hugues-César et François [1].

Son espérance et sa foi furent son refuge. Mais combien sa douleur eut-elle été moins déchirante, si elle avait pu savoir qu'à l'heure de l'immolation, ces victimes avaient reçu les secours religieux. Elle n'eut cette espérance, disons mieux, cette certitude, que bien des années plus tard.

Le jour où son père devait monter sur l'échafaud, Hélène de Varax était encore à l'hôtel de ville, lorsque le citoyen qu'elle sollicitait, averti de l'approche du convoi des condamnés, par pitié, lui donna de vagues paroles tout en la faisant sor-

---

(1) Voir *Notes et documents contemporains*, p. 210, note 7.

tir par une porte de côté, de façon à ce qu'elle dut prendre un autre chemin pour rentrer chez elle. Grâce à ce détour, elle ne rencontra pas le fatal cortège. Elle était si absorbée qu'elle n'entendit pas crier *Gare!* en passant près d'une maison qu'on démolissait. Elle eut le pied presque écrasé par une poutre qui tombait, et s'en aperçut à peine. Je tiens ces détails de ma tante de Guichard, car jamais nous n'aurions osé questionner ma mère sur ces temps affreux. Elle évitait d'en parler, quoiqu'elle en cultivât le souvenir comme un mystère qu'elle eût souffert à dévoiler.

Je pouvais avoir onze ans quand un jour, comme je passais avec elle devant une grande maison construite en *pisé,* qui était restée criblée des boulets du siège, je lui demandai ce que signifiait cette ruine? Je la vois encore fondre en larmes. A peine put-elle m'exprimer, en quelques mots, ce que ces restes de la dévastation lui rappelaient.

Souvent le soir, à la tombée du jour, elle se mettait au piano, quand elle se croyait seule, nous l'entendions qui jouait un air profondément triste; c'était *la Marche des Lyonnais,* défenseurs de Lyon. Plus tard, nous la lui demandions, elle nous la jouait toujours avec émotion (1).

Outre son père et ses frères, ma mère perdit sur l'échafaud sa grand'mère maternelle, Mme de

(1) Voir *Notes et documents contemporains*, p. 212, note 8.

Vidaud de la Tour, et son oncle, frère de sa mère, M. de Vidaud de la Tour, qui avait été premier président au parlement du Dauphiné et gouverneur de cette province. Le nombre de ses parents, victimes de la Révolution, fut de dix-sept; parmi lesquels, sans parler de ceux qui lui étaient le sang même de son cœur, plusieurs lui tenaient de près. Ainsi, M. de Messimieux, M. de Cessieu, un vieillard de soixante-quinze ans (1), et M. de Chanzieu, ancien officier (2), jeune encore, qui fut tué à la tête de la cavalerie des Lyonnais, pendant le siège. Peu d'années auparavant, il avait épousé une de nos parentes, Rivérieulx de Chambost.

Ma bisaïeule, Mme de Vidaud, et son fils furent envoyés à l'échafaud par la Commission populaire d'Orange, dont le ressort s'étendait sur tout le midi. Inventée et formée par Maignet, un des pires terroristes, ce tribunal assassin se composait de cinq juges, autorisés par le Comité du Salut public à juger *révolutionnairement,* sans instruction écrite, sans assistance de jurés.

La mère avec son fils furent condamnés ensemble et exécutés le même jour; elle était aveugle et elle avait quatre-vingt-sept ans. *Où me conduisez-vous, mon fils?* lui demandait-elle, pendant qu'elle était avec lui sur la fatale charrette.

---

(1) Président des Trésoriers de France en Dauphiné.

(2) Officier du régiment des Dragons de la Reine.

— *Au ciel, ma mère,* répondit-il. Sa pensée était absorbée dans la prière. Il obtint que le martyre de sa mère fut avant le sien; et lorsqu'il reçut la mort, il était baigné dans ce sang qui lui avait donné la vie.

Mme de Vidaud était Mondragon [1], veuve de Joseph Gabriel de Vidaud, qui était fils d'une Simiane; d'où notre filiation par les femmes remonte à Mme de Sévigné. Son fils, tué en même temps qu'elle, avait épousé Mlle de Cambis qui l'avait laissé veuf, après deux ans de mariage, lui ayant donné un seul fils [2]. Nous l'avons beaucoup connu ce cousin germain de ma mère, le saint de la famille.

Les enfants de ma bisaïeule, au nombre de neuf, furent entr'autres : M. de Vidaud d'Anthon; Mme de Chabons; Mme de Varax, ma grand'mère; Mme de Sautereau; Mme de Pampellonne; Mme de Ponnat [3].

Je reviens à la malheureuse ville de Lyon livrée aux vengeances de la Convention.

L'œuvre de sa destruction y fut inaugurée, avec un grand appareil, peu de jours après que la ville eut été réduite. Les conventionnels avec les membres du *comité de démolition* arrêtèrent

---

(1) Voir *Notes et documents contemporains*, p. 215, note 9.

(2) Gabriel-Joseph, marquis de Vidaud de la Tour, né à Grenoble en 1776, mort en 1834.

(3) Voir *Notes et documents contemporains*, p. 215, note 9.

d'abord que les maisons en façade sur la place Bellecour seraient les premières démolies : *comme celles qui annonçaient le plus de faste et qui offensaient le plus la sévérité des mœurs républicaines.* Ce qu'ils appellent *l'honneur de porter les premiers coups* est décerné à Couthon. On sait que Couthon était cul-de-jatte, paralysé dès sa jeunesse, pour avoir passé toute une nuit dans la fange d'un marais, au cours d'une galante avanture.

Porté sur les bras d'un homme du peuple, il se fit approcher de l'une des façades ; là, frappant le mur d'un petit marteau qu'il tenait à la main : *Au nom de la loi, dit-il, je te condamne à être démolie.* La tourbe qui l'entourait se chargea du reste.

Un arrêté avait enjoint aux sections de fournir chacune son contingent de démolisseurs ; et l'on invitait, pour travailler avec eux, tous les citoyens, femmes, enfants, vieillards, bien payés d'ailleurs et rétribués [1]. Ces maisons qui formaient la place de Bellecour offraient le plus bel ensemble, construites toutes semblables, sur les dessins de Monsard, avec hautes fenêtres et balcons, d'un style fort noble. L'une d'elles appartenait à mon grand-père.

---

[1] Le salaire d'une journée employée à démolir était de quatre livres pour les hommes, et de trente sols pour les femmes, de vingt à soixante ans. Pour l'enfant de neuf à quatorze ans, le salaire était de vingt-cinq sols.

La Convention avait décrété que les Lyonnais seraient assimilés aux émigrés; les biens des Varax furent donc confisqués; quelques-uns vendus [1].

Ma mère, orpheline, n'ayant aucun asile où s'abriter, fut mise sous la surveillance de la Commune qui lui donna un *Gardiateur*. C'est ainsi qu'on appelait l'homme chargé de répondre d'elle. La femme de chambre de sa mère, toute dévouée, ne l'avait pas quittée et lui donnait ses soins. Un fermier de Marcilly lui apportait toutes les semaines du pain et quelques provisions; leur gardien n'était pas méchant; seulement il aimait à faire sa partie de boule, et tenait à ne pas se séparer de ses clefs; de sorte que si ma mère, avec Françoise, ne voulaient pas être enfermée en son absence, il leur fallait sortir avant lui. Mais alors, elles ne pouvaient plus rentrer que le soir. Après la terreur, il y eut une réaction antiterroriste, et l'on arrêta ce malheureux. On voulait le jeter à l'eau. Il réclama le témoignage de Mlle de Varax. On l'amena à La Duchère, et la pauvre maman bien émue le sauva.

Aux plus mauvais jours de la Révolution, ma mère avait rencontré plusieurs fois dans une chambre, où se célébrait la messe en secret, Mlle Brun qui était une jeune fleuriste appartenant à une bonne famille de la bourgeoisie lyonnaise.

---

(1) Voir *Notes et documents contemporains*, p. 216, note 10.

Ma mère ne la connaissait que de vue, mais un jour, elle se trouva inopinément près d'elle dans la rue, au moment où des agents l'arrêtaient parce qu'elle n'avait pas de cocarde à son bonnet. Il était ordonné aux femmes même de porter ce signe de civisme. Hélène de Varax était non seulement en règle, mais avait une cocarde en réserve dans sa poche, qu'elle jeta vite aux pieds de Mlle Brun, en lui disant : *Citoyenne, vous perdez votre cocarde !*

Ma mère, par sa présence d'esprit, s'acquit ce jour-là l'affection d'un cœur dévoué qui lui fut toujours fidèle (1).

A un moment de cette existence encore si précaire qui suivit les grands malheurs, Mlle Brun donna chez elle un abri à ma mère. Elle la faisait passer pour une ouvrière, cela semblait tout naturel. Un jour, ma mère se rendait chez Mlle Brun, elle rencontra sur l'escalier trois agents qui venaient faire une perquisition :

Vous paraissez étonnée, citoyenne? lui dit l'un d'eux d'un air soupçonneux et rude. *Comment ne serai-je pas étonnée ?* répondit-elle vivement. *Je viens chercher une citoyenne et je trouve trois citoyens, ce n'est pas la même chose !* Cette réponse leur ayant paru plaisante, ils n'en demandèrent pas davantage.

---

(1) Voir *Notes et documents contemporains,* p. 217, note 11.

Après le siège de Lyon, il se passa plus d'un an avant que ma mère pût avoir des nouvelles de ceux de ses frères qui vivaient encore. Ils avaient émigré tous les deux en Suisse, d'où mon oncle de Varax, officier au régiment de Rouergue-Cavalerie, avait rejoint l'armée de Condé ; quant à mon oncle Marcilly, son infirmité le réduisait à l'inaction : et ce n'était pas sans peine qu'il avait rejoint son frère, étant boiteux et facile à reconnaître.

M. et Mme de Guichard n'avaient point quitté Trévoux pendant la Terreur, ils avaient été mis en prison, mais n'eurent pas d'autre mal.

Beaucoup plus tard, on apprit ce qu'était devenu le jeune Gabriel de Vidaud, resté orphelin à l'âge de dix-huit ans. Les grands biens dont il était l'unique héritier avaient échappé à la rapacité de ceux qui avaient fait périr son père. Il n'avait point émigré et il avait pu dépister toutes recherches, en exerçant à ciel ouvert le dur travail d'un forgeron. Son père lui en avait fait apprendre l'état, comme s'il eût pressenti les ressources que pourrait offrir en des temps difficiles un travail manuel.

Le *citoyen Gabriel*, tel était son nouveau nom, fut d'abord soldat à l'armée des Alpes, puis, comme il était grand et fort, avec la réputation de bien savoir travailler le fer, il fut réquisitionné pour l'arsenal de Grenoble. Il passa là près de deux ans, à forger les affûts, à garnir les roues des canons. Sa vie et ses dehors étaient ceux d'un ouvrier; il en recevait le salaire. Le 9 Thermidor le trouva en cette situation. Au sortir de la Terreur, on se cherchait; heureux ceux qui se retrouvaient! Ma mère retrouva deux de ses bonnes compagnes de couvent, Mlles Personneaux, orphelines et isolées comme elle : toutes trois se réunirent pour habiter dans le quartier de Bellecour un appartement haut perché. La fidèle Françoise les suivit. Un jour, elles se trouvaient bien embarrassées pour faire porter à leur étage une petite provision de bois qu'on leur apportait. Un jeune officier dauphinois, de passage à Lyon, ami de la famille Personneaux, vint tout juste à ce moment rendre visite aux trois amies, et voyant leur embarras, s'offrit gaiement à faire l'office de portefaix. Ce jeune homme était M. de Montalivet qui devint ministre de l'intérieur sous l'empire.

M. Augustin Jordan, frère de l'illustre Camille Jordan, député de Lyon sous la Restauration, fut aussi admis à faire quelques visites dans la société fort restreinte de ces aimables personnes. Mlle de Varax, disait-il, en était comme la lumière! et telle était la sûreté de sa raison, qu'on lui avait donné le surnom de *lady Sensée*.

Le calme commençant à se rétablir, M. et Mme de Guichard rentrèrent dans leur maison de la Sidoine, à la porte de Trévoux. Ma mère les rejoignit et se fixa près d'eux. M. de Guichard, qui était fort instruit et homme d'esprit, se plaisait à causer avec elle, si bien disposée à profiter d'un si grand avantage.

L'éducation donnée au couvent de la Visitation devait être bien bonne, à en juger par ma mère, Mmes Dareste (1) et de Chaponnay (2), ses amies, qui étaient aussi sorties de cette école. Toutes étaient raisonnables par dessus tout, avaient acquis l'esprit de méthode dans l'arrangement de leurs occupations; et l'habitude, comme d'une seconde nature, de l'abnégation, de la bienveillance, les petites vertus recommandées par François de Sales; d'un usage plus assuré que les occasions de grands sacrifices, et qui acheminent au besoin à l'accomplissement de ces actes rares. Ces dames avaient une écriture correcte, agréable, la plus facile à lire, qui n'avait rien à dissimuler d'une orthographe très sûre. Maman avait des cahiers d'extraits, rédigés extrêmement bien, que je tiens d'elle avec bonheur. Dans ce milieu si raisonnable, il y eut pourtant quelques petits côtés. Maman avait reçu de sa tante de Revol, pour ses étrennes, un melon de carton, rempli de bonbons. La lettre de remerciements, qu'on lui fit écrire, contenait au beau milieu : « *Non ! jamais les melons de la Perse et de l'Inde ne furent aussi*

(1) Mlle Elisa Personneaux, mariée à M. Dareste de la Chavannes.

(2) Mlle de Gresolle, mariée au comte Hugues de Chaponnay.

savoureux ! » Cette phrase ridicule fut la risée de la famille, et maman l'avait encore sur le cœur.

L'enchaînement des faits m'a conduit, mes chères filles, à vous parler longuement de maman. Je reviens maintenant à mon père, que j'ai laissé jeune officier, élève de l'Ecole militaire. Pendant que ma pauvre mère traversait de si cruelles épreuves, il avait aussi souffert et passé par des aventures mêlées. Au sortir de l'École, il avait été nommé sous-lieutenant dans un régiment de cavalerie, en garnison à Monaco.

Etant parti pour se rendre à destination, par le bateau qui descendait le Rhône, il s'y trouva avec son ancien camarade de l'Ecole militaire, le jeune Bonaparte, qui se rendait à Valence, où était son régiment d'artillerie. C'était au printemps 1791 ; Mirabeau venait de mourir, et le jeune Bonaparte, qui n'était plus dévot, portait le deuil du grand orateur. Les deux camarades s'entretinrent amicalement de leurs souvenirs et des événements du jour pendant le trajet de Lyon à Valence.

De jour en jour, les excès de la Révolution se multipliant, la mode de l'émigration survint. Mon père, très jeune, suivit le courant et franchit la frontière à Nice. Il se figurait si peu sérieusement la gravité du parti qu'il venait de prendre, qu'il retourna le lendemain chercher sa montre qu'il avait oubliée au quartier. Il y allait de sa tête ; ses soldats le virent ; aucun ne le dénonça.

Il rejoignit l'armée des princes, et retrouva son jeune frère, émigré de son côté, et qui mourut peu après.

Je pense que ce jeune frère, le chevalier de Corcelle, page du duc de Penthièvre avant la Révolution, émigra de Paris, mais je n'en sais rien certainement. Il était de tête étourdie, de caractère léger. Mon grand-père, ayant servi avec le prince de Lambesc, avait conservé d'assez bonnes relations avec lui, pour lui recommander son fils. Un jour, le prince, visitant le jeune page, le surprit en récréation, lançant une balle. — *Que dirai-je à vos parents, Corcelle? — Que je vais bien, joue bien et suis votre serviteur,* répondit-il en courant toujours sans se retourner.

Les émigrés n'étaient pas tous dans les mêmes sentiments ; mon père souffrait d'avoir à se battre contre des Français. Les étrangers, en maintes occasions, dévoilèrent leur mauvaise volonté envers l'émigration. Quand l'armée des princes fut licenciée, mon père ne prit pas d'engagement dans les nouveaux corps qui se formèrent. Il quitta les bords du Rhin avec l'intention de se rendre en Angleterre pour prendre du service dans ses colonies. Voyageant à pied, pauvrement, il avait mis son dernier argent à prendre place sur un bateau qui allait à Amsterdam. Il savait que là un agent anglais recevait les engagements des volontaires et les faisait passer gratuitement à Londres.

Ce bateau échoua et, dans sa détresse, le pauvre proscrit s'écria : *Mon Dieu, que devenir?* Ces mots dits en français, au milieu de la foule des voyageurs étrangers, attirèrent l'attention de l'un d'eux qui, l'approchant, lui dit : — *Vous êtes émigré français?* — *Oui*. Et il raconta son projet. Alors, ce voyageur prit mon père sous sa protection, facilita son transport à la ville. Mon père n'a jamais su à qui il devait ce service et, souvent, a regretté cette ignorance.

Le voilà engagé et envoyé à Londres. Il recevait une petite solde en attendant le départ. Pendant ce délai, il alla visiter la famille Bolton, que des relations amicales unissaient à la sienne. M. Bolton, ministre anglican, accompagné de sa femme et de ses deux filles, avait quelques années auparavent accompli le voyage sur le continent, qui entre dans le plan de tout bon Anglais. En passant à Lyon, ils avaient laissé au couvent leurs deux jeunes filles, pendant qu'ils poursuivaient leur course en Italie. Ce couvent était celui où se trouvaient mes tantes Jenny et Fleury ; de là, liaison entre les jeunes filles et par elles avec leurs familles. M. Bolton avait sa paroisse dans le comté de Stafford. Lui et sa femme reçurent très cordialement l'hôte français, mais celui-ci ne resta pas longtemps chez eux. Par un excès de délicatesse, qui était un trait distinctif de son caractère, il craignit de prolonger son séjour dans cette bonne famille. Afin d'éviter les insistances des Bolton, il partit sans les prévenir, en leur laissant une lettre pleine de sa gratitude. C'était une grave détermination qu'il prenait là, car, en quittant l'hospitalière maison, il allait être plongé dans une misère affreuse. L'amirauté venait de décider qu'elle n'emploierait pas de volontaires français, parce qu'elle craignait qu'ils ne portassent aux colonies l'esprit de révolte.

Jusque-là, mon père avait vécu très économiquement de sa modique solde. Elle lui manquait tout à coup. Comment s'y prendrait-il pour vivre, seul étranger à Londres, en plein cœur d'hiver? La Providence y pourvut. Il prenait ses repas dans une humble maison, hantée seulement par des Irlandais assez pauvres. L'un d'eux, fort aimé, vint à mourir, et mon père, qui avait beaucoup de goût pour le dessin, avec ce commencement d'étude si insuffisant qu'on a au collège, entreprit de faire de mémoire le portrait du défunt. Il le réussit si ressemblant qu'il s'acquit l'intérêt de tous. L'un d'eux le recommanda à l'archiviste de la Couronne. Celui-ci vint trouver mon père dans sa chambre, et arriva au moment où, ses couleurs gelées par le froid si rude de 1792, il ne pouvait même pas travailler. Voyant venir la faim, il s'était mis au lit pour ne pas geler lui-même. *Je ne veux pas mourir de deux manières,* s'était-il dit. Son bienfaisant visiteur lui procura des vignettes et des armoiries à faire pour les archives. Il n'en continua pas moins à s'exercer à peindre le portrait en miniature. Au printemps, il se sentit en état de reconnaître l'hospitalité des Bolton en faisant leurs portraits à tous. Mon frère a celui de M. Bolton qui est vraiment très bien.

Les affaires commençaient à s'arranger en France, mon père reçut de ses parents de l'argent et l'assurance de n'avoir pas été mis sur la liste des émigrés. Il quitta Londres aussitôt et il eut le bonheur de retrouver son père et sa mère qui n'avaient pas été fort tourmentés pendant la Révolution. Sauf quelque peu de temps passé dans la prison de Villefranche, ils étaient restés à Corcelle, protégés par le maire républicain.

Mes oncles de Marcilly et de Varax rentrèrent aussi d'émigration. Ceux de leurs biens qui n'avaient pas été vendus leur furent restitués. C'est alors que les quatre frères et sœurs firent, sans homme d'affaires, et d'un commun accord, le partage de l'héritage paternel. Sans aucune hésitation, ils donnèrent double part à Marcilly qui était l'aîné, et qui eut la terre et le château de ce nom avec les bois d'Ars. La Duchère échut à Civrieux. Varax et les terres furent le lot des deux sœurs. Mon oncle de Varax se maria à Mlle de Murard de Saint-Romain (1), vers la fin de 1795 ou

(1) Marie-Concordia-Adelaïde-Philiberte de Murard, fille de Guillaume-Louis de Murard de Saint-Romain, officier du régi-

le commencement de 1796. Maman alors partagea son temps entre la Duchère et Trévoux.

La famille de Varax était belle. Mon oncle de Marcilly avait les traits les plus réguliers ; il était grand et bien fait ; malheureusement un accident, arrivé dans son enfance, l'avait rendu boiteux. Il s'était foulé le genoux en courant sur des troncs d'arbres coupés, et cacha sa chute pour éviter des reproches au domestique qui le suivait. Quand on voulut remédier aux suites de cette chute, il était trop tard. Mon oncle avait un esprit charmant, d'une gaieté intarissable ; il lisait beaucoup, écrivant toutes ses réflexions et remarques. Il a laissé des manuscrits comme un Bénédictin. Observations historiques et littéraires ; commentaires sur les SS. Pères, etc., etc.

Rien ne lui était indifférent, même le temps, sur lequel il faisait des remarques ; il était à quelque degré parvenu à prévoir les tendances des saisons, devançant Matthieu de la Drôme.

Moins régulièrement bien, mon oncle de Varax avait, aussi, une belle taille, une physionomie et des allures franches et ouvertes, qui peignaient son caractère bon et sensible par dessus tout.

Ma tante de Guichard avait été une agréable et fraîche jeune fille ; ce que nous avions de la peine à nous figurer, ne l'ayant connue qu'après

---

ment de Picardie, et de Marguerite-Jacqueline-Antoinette Aymard de Francheleins.

sa jeunesse et depuis la petite vérole qu'elle eut à vingt-cinq ans. Rien n'égalait sa bonté. On ne saurait l'exprimer qu'en disant qu'elle était la bonté même ; d'une piété rare, la piété d'une personne à béatifier, qui a laissé une telle mémoire dans le pays, autour d'elle, qu'on en parle encore comme d'une sainte. Avec cela tant d'indulgence pour le prochain, qu'elle ne parlait, à notre grand divertissement, qu'avec éloge ou une extrême atténuation de défauts qui sautaient aux yeux. Quand elle disait d'une personne : *Elle n'est pas précisément jolie,* nous étions sûres que c'était un monstre.

Quant à maman, elle était charmante ; sa figure était presqu'aussi régulière que celle de son frère Marcilly. Elle avait de grands yeux bleus, qu'ils avaient tous les quatre du reste ; la taille grande, souple, élancée qu'elle n'avait jamais soumise aux modes contraignantes de son temps. Elle sentait vivement et sa physionomie exprimait de même ses sentiments ; d'une douceur angélique habituellement, elle devenait subitement tout énergie.

Mon père était aussi fort bien, sa taille était moyenne, mais fort bien prise, montrant la force et l'agilité. Très adroit à tous les exercices du corps, il n'avait pourtant jamais dansé. Il aimait à faire preuve de sa force, qui était extraordinaire. Il avait rapporté d'Angleterre des habitudes méthodiques dans sa manière d'être ; elles étaient d'ailleurs d'accord avec son caractère naturel, peu expansif et un peu taciturne même, quoiqu'il fut très sensible, aimant tendrement les siens. Son visage exprimait toutes ces dispositions. Il était agréable, animé par un esprit vif et piquant; en même temps, retenu par la volonté, il devenait quand il le voulait d'un froid qui nous inspirait une crainte parfaite. C'eut été impossible de perdre le respect envers lui, quoiqu'il jouât avec nous très familièrement.

Le mariage de mon père et de ma mère eut lieu dans l'hiver de 1797; les plus proches parents, seuls, y assistèrent, à la Duchère, dans la chapelle du château. Quand le mariage se décida, ma tante de Guichard était à Beauregard, qu'elle habitait pendant l'été avec son mari. Maman lui écrivit : *Viens vite, je me marie, je serai ta voisine ; j'ai besoin de te voir.*

Ma tante ne comprenait rien à ce billet, mais elle arriva aussitôt; l'énigme lui fut expliquée. Mon père recevait en dot la propriété des Mouilles près de Villefranche et, par conséquent, de Beauregard. La chère tante fut enchantée.

Les Mouilles, sur une colline qui domine la ville, étaient un vieux manoir, bâti en carré massif, avec deux pavillons, venu depuis peu dans la famille [1]. Au lieu de bijoux, on donna aux jeunes

(1) Alexandre de Corcelle en avait hérité en 1742.

mariés des serviettes, des draps, des couverts, des assiettes. Ma grand'mère se défit pour eux d'un lit dont elle avait brodé les rideaux et la courtepointe, avec deux fauteuils assortis. C'était un gros tissus de coton blanc, soutaché en cordonnet de laine rouge; quelques meubles anciens qu'on y ajouta formèrent l'ameublement de la chambre qui servait de salon.

Il y avait bien eu autrefois aux Mouilles un salon qui avait dû être fort beau, à en juger par les panneaux tapissés en cuir de Cordoue, qui se détachaient en lambeaux, et la coupe des hautes fenêtres dont les vitres étaient à petits compartiments reliés avec du plomb, ainsi que cela se pratiquait dans les cathédrales gothiques. Cette pièce servait de bûcher; elle était précédée par une grande salle à manger, à peu près meublée. La cour, fort grande, était commune aux maîtres et aux fermiers. De l'autre côté de la maison, on voyait les vestiges d'un jardin, entouré de murailles disposées en terrasse. Ce jardin était grand, et avait dû être orné; mais à cette époque, il était inculte ou en culture de ferme. Le seul agrément qui restât de tous ceux qu'il avait eus, était une assez belle salle de tilleuls sur le côté opposé à l'entrée de la cour.

Le voisinage des Mouilles était choisi; mais on ne pouvait guère en jouir. On sortait de la Terreur et l'on faisait peu de visites. Cependant, mes parents se lièrent avec M. l'abbé de Saint-Fons, proche voisin et d'un esprit pétillant qui sympathisait naturellement avec le leur. L'abbé de Saint-Fons avait été engagé dans les ordres sans vocation.

A l'époque dont je parle, il n'exerçait pas le saint ministère, mais il en remplit plus tard toutes les obligations, sous l'influence de son ami et ancien condisciple à Saint-Sulpice, M. du Bourg, évêque de la Louisiane, qui vint le voir à son retour des Etats-Unis. M. de Saint-Fons avait toujours conservé les habitudes d'une vie chrétienne et régulière ; son costume même le témoignait, moitié du monde, moitié abbé.

Pour aller à Saint-Fons, on traversait un cours d'eau, tantôt ruisseau, tantôt rivière. Un arbre jeté en travers servait de pont. Un jour, ma mère passait sur cet arbre, mon père suivait. Une troupe de vendangeurs, un peu en train, firent mine de lui barrer le passage. Ils n'écoutèrent pas ses représentations ; alors mon père prit successivement trois ou quatre d'entre eux et les fourra l'un après l'autre dans le milieu du ruisseau. La force et le courage ne manquèrent pas leur succès ; la bande se prit à rire, et maman, tremblante, continua tranquillement sa course.

Il y avait bien du courage à cette hardiesse, le pays était encore peu tranquille; on parlait de chauffeurs, et les Mouilles furent attaquées une nuit. Quelques coups de fusils, tirés par les fenêtres, dispersèrent les malfaiteurs. Ils ne savaient pas que mon père était seul, en ce moment. Peu de jours auparavant, M. Guillain, un voisin, avait eu les pieds brûlés par ces brigands, qui le dévalisèrent.

La sœur aînée de mon père, ma tante Jenny, fut mariée à peu près en même temps que lui. Elle épousa M. de Villieu (1). Sa sœur cadette, ma tante Fleury, se maria deux ans plus tard à M. de la Roche Nully (2). Gabriel de Vidaud clos la liste des mariages qui eurent lieu dans la famille, à la fin du siècle. Dernier de son nom, héritier de grands biens, il se maria à Grenoble. Il avait vingt-deux ans; sa femme, Mlle Planelli de la Valette, en avait dix-neuf. C'était une personne accomplie, qu'il eut la douleur de perdre après quatre ans de l'union la plus heureuse; elle lui laissait deux filles : Zoé et Louise. Il lui survécut plus de trente ans, resté toujours veuf.

Je suis née à Lyon, le 23 septembre 1797, en pleine République, et ne put être qu'ondoyée, les églises étant fermées.

Malgré que le culte fut libre, tout avait été dévasté et n'avait pu être encore réparé.

J'avais plus de deux ans, quand on trouva le moyen de compléter les cérémonies de mon

---

(1) Le baron de Villieu, officier avant la Révolution.

(2) Le baron de la Roche Nully, officier avant la Révolution.

baptême. Mon grand-père, François-Joseph de Corcelle, ayant témoigné le désir que je portasse son nom, on ajouta à l'église le nom de Joséphine à celui de Blanche qui me venait de ma marraine, ma bonne tante de Guichard, et qui, seul, avait été inscrit pour moi au registre civil. De là vient que j'en ai deux en circulation : Joséphine pour mes parents et mes amis d'enfance, Blanche pour mon mari et sa famille. Après vingt-deux ans de dépossession, mon vrai nom m'a été restitué, à mon mariage; il était plus du goût de mon mari. Ceux qui ne nous connaissaient pas beaucoup s'embrouillaient volontiers dans ce *Blanche* et ce *Joséphine* alternatifs. Quand, par exemple, on entendait ma mère : Joséphine viendra-t-elle? et mon mari qui répondait : Blanche sera là à l'instant, c'était fait pour dérouter.

Cladie naquit avec le siècle, à Lyon, dans le mois de janvier ; Francisque, à Marcilly, suivit à deux ans de distance et Suzanne, deux ans plus tard; de telle sorte que près de sept ans me séparent d'elle. Aussi, dans ces premières années, mes liens avec cette chère sœur tiennent un peu de la petite maman, jouant aussi, mais maîtresse d'école taquine. Bientôt la chère petite s'est trouvée à la hauteur de ses aînées; son intelligence et sa grâce rattrapèrent vite les années; cependant, ce n'est guère qu'en 1815, que *nous* voudra dire *nous trois*. Jusque-là, *nous* c'est Cladie et moi.

A ce moment où nous sommes de mon récit, après avoir rassemblé avec ma chère sœur Cladie ces souvenirs d'un temps que nous n'avons pas vu, je vais céder à la tentation de vous conter deux ou trois petits faits particuliers, de ceux de notre enfance, trop reculés pour avoir trace dans la mémoire de ma sœur.

Saint-Paul de Varax [1] éveille mon plus ancien souvenir. Ma mère avait eu le château en partage. On y allait peu à cause des fièvres qui régnaient dans le pays, coupé de bois et d'étangs. Ce château avait été beau et fortifié ; il était en partie ruiné. Je me rappelle la cuisine immense, au milieu de laquelle la cheminée était montée sur quatre piliers. On y pouvait cuire et se chauffer de tous les côtés. Les fermes n'étaient pas loin; je me souviens y avoir été le soir, au moment où on rappelait les cochons lâchés dans les bois. Le signal était donné à grands cris, et par de grands coups de bâton sur des baquets remplis de leur souper. Il n'eût pas fait bon sur leur chemin; ils arrivaient serrés, courant à tout renverser. Mon père vendit cette terre où il avait pris la fièvre et ne pouvait habiter.

Le tableau qui me fait revoir maman la plus jeune, c'est celui d'une visite qu'elle fit avec moi à Mme d'Apchier, une aimable voisine, jeune aussi.

---

(1) Entre Chatillon-les-Dombes et Bourg-en-Bresse.

Ces dames laissèrent leurs maris au salon, et furent s'asseoir sur la paille, dans une remise à côté d'un beau chien de chasse qui avait la patte cassée. Je vois encore leur entrain et leurs caresses apitoyées. Maman a toujours infiniment aimé les chiens ; elle disait en plaisantant n'avoir pas confiance en quelqu'un qui n'aimerait ni les chiens ni la musique.

Mon oncle François, qui avait été destiné à l'église, était à cette époque soldat ; la réquisition l'avait pris en 93. Il s'était bien battu en Suisse, sous Masséna. Vraisemblablement il eut congé, car il vint aux Mouilles. Je me le rappelle en uniforme de huzard, et que je caressais les *minons* de ses poignets, pendant qu'il écoutait ma mère qui chantait, s'accompagnant au piano.

Cette chère maman était naturellement bonne musicienne et douée très heureusement, elle avait profité à merveille de l'excellente éducation de la Visitation. Toute enfant, encore, elle avait surpris sa grand'mère, un jour de sortie, en se mettant au clavecin pour jouer une petite sonate. Aucun maître ne l'avait enseignée ; ce petit tour de force lui en valut un.

Je pense qu'elle avait une voix bien touchante et le sentis, toute petite, un jour qu'elle chantait l'air d'Orphée pendant que je jouais dans un coin. Je l'interrompis, me jetant dans ses bras, sanglotant : *Non, tu ne l'as pas perdu, ton Eurydice !*

En 1804, mes parents louèrent, pour un an, une petite maison à la Croix-Rousse. C'est là que Suzanne est née. Maman qui avait nourri Cladie, Francisque et moi, commençait à devenir très délicate; elle donna pour nourrice à cette chère petite sœur la fermière des Mouilles; c'était la garder chez elle. Nous ne quittions les Mouilles que pour aller à Marcilly à deux ou trois lieues de là. Mon oncle y était rentré et y habitait une grande partie de l'année. Cette terre n'avait pas été vendue pendant la Révolution; elle avait été entretenue par un jeune serviteur de la famille, *Reverdi*, qui espérait bien la rendre à ses maîtres. C'est lui qui, pendant la Terreur, portait à ma mère des provisions de pain, de fruits et de laitage.

Le château de Marcilly est situé sur un plateau, au milieu d'un parc entouré de murs, couverts de dalles, qui suivent les détours du pays dans une étendue d'une demi-lieue : c'est la terre promise; les fruits, les plates-bandes, les arbres, tout y vient d'une grosseur extraordinaire. Le parc et les jardins ont été établis par Le Nôtre. Le château, sur les dessins de Mansard, fut construit en un temps de disette (1); les ouvriers étaient heureux d'être nourris pour tout salaire. Tout y est régulier; harmonieux et correct; les communs, la basse-

(1) La disette de 1709.

cour énormes complètent un bel ensemble. La cour d'honneur est fermée de deux grilles et barrières donnant sur deux belles avenues; l'une de tilleuls, venant de la route, l'autre de platanes, allant à un petit bois qui couvre le revers du plateau. Ce bois est dominé par une terrasse en fer à cheval d'où l'on a le plus admirable coup d'œil; tout le Beaujolais avec ses collines si habitées; à droite, les rives de la Saône, Trévoux, Verdun; quelquefois, le Mont-Blanc, à l'horizon, est le premier plan charmant. Au bas du parc coule la petite rivière d'Azergue [1], capricieuse, aux bords plantés tout le long de ses détours; en face, pittoresquement placé, le petit village de Chazay, avec sa haute tour, qui surmonte l'entrée de ses hautes murailles.

Reverdi, avec sa famille, habitait une maison dans les dépendances du château. Mon oncle, reconnaissant des services de ce bon jeune homme, l'avait constitué son homme d'affaires. Il avait fait un bon mariage et avait deux filles de nos âges, bien élevées; elles étaient souvent de nos jeux. Nous n'avons jamais perdu de vue l'aînée, Benoîte, bien mariée dans le voisinage, à Chapuy de Civrieux. Elle a de l'esprit et du jugement, avec un bon fond d'instruction.

Notre enfance était bien heureuse; nous jouions

---

(1) Comme le nom l'indique, l'Azergue, c'est le *zigzag*.

devant nos parents. D'ordinaire, après les repas, ils allaient au fer à cheval jouir de la vue et du bon air. Nous courrions dans le bois au-dessous, non sans être effrayés parfois; imaginant des loups, des serpents, que sais-je? mon oncle, quelquefois mon père, jetait sa perruque au plus fourré; il fallait la rapporter. On voulait nous aguerrir. N'allez pas vous figurer deux têtes chauves. Mon père et le bon oncle avaient leurs cheveux, bel et bien; mais ils suivaient, tous les deux, la mode qui, aux queues poudrées de leur jeunesse, avait substitué une perruque à poils ras, à la Titus.

Les encouragements qu'on nous donnait devaient profiter. Un jour, allant dans le bois de Marcilly, nous trouvâmes une couleuvre roulée, endormie. Mon pied sur sa tête assura le passage de notre bande, qui avait été d'abord effrayée et qui porta le monstre en triomphe devant mon oncle. Je ne me vantai pas de la peur que j'avais eue tandis que je voyais la queue de la couleuvre approcher de mon pied nu, car nous allions traverser l'Azergue à gué.

Encore un plaisir de Marcilly : Mon oncle qui aimait à monter à cheval et faisait tous les jours sa promenade sur Fanfan, doux et joli petit animal, nous le prêtait quelquefois.

Cette vie douce, réglée, si heureuse, s'est prolongée pendant plusieurs années que peu de choses marquent pour nous, qui grandissions même sans nous en apercevoir. J'ai su, depuis, que le Premier-Consul passant à Lyon, mon père s'y rendit pour solliciter la libération de son frère par l'entremise de M. de Champagny ([1]), attaché au Premier-Consul et allié des Corcelle par les Grobois. Napoléon se rappela son ancien camarade d'école et demanda à le voir. Mon père était déjà reparti. Il n'avait pas de dispositions à devenir courtisan. Ce qu'il demandait fut accordé, et mon oncle François revint à Corcelle près de ses parents, s'occupant à aider son père dans l'administration de ses biens, gardant vis-à-vis de lui la déférence si soumise de son adolescence.

Mon oncle François avait fait d'excellentes études; le latin lui était familier comme le français. Son caractère était la modestie, doublée de piété. Nul ne prenait autant que lui le soin de s'effacer et de cacher ses connaissances. Il était de l'âge de maman et l'aimait beaucoup ainsi que mon père, dont il avait la taille et les traits, aussi bien que la réserve qui couvrait tant de sensibilité. A cinq heures, tous les matins, et le soir après souper, mon oncle faisait la prière au milieu des nombreux domestiques et valets. Toujours auprès des travailleurs, très simplement vêtu, mais avec

---

(1) Le comte de Champagny, plus tard duc de Cadore.

un soin recherché, qualité également remarquable chez mon père.

L'âge de nos éducations arrivant, mes parents se rapprochèrent de la ville et louèrent sur le coteau, en face de celui de Fourvières, une maison attenant à l'ancien couvent des Chartreux et en dépendant. Dans le même enclos, se trouvait l'ancienne abbaye avec son cloître et un véritable palais de construction plus récente, qui fut occupé et fort embelli par le cardinal Fesch, archevêque de Lyon.

Nous nous souvenons qu'il y reçut sa sœur. Mme Lœtitia Bonaparte, *Madame mère.* Nous les avons vus, souvent, qui se promenaient ensemble dans les jardins, qui étaient communs à leur habitation et à la nôtre.

Le cardinal avait établi à côté de ses appartements des missionnaires diocésains; nous allions les entendre prêcher, chaque dimanche, dans l'église des anciens Chartreux. Leur pieuse congrégation devint bientôt importante; les abbés Rauzan, Gagneur et Fauvel en faisaient partie; M. l'abbé Duguerry fut aussi élève de cette maison.

Mon oncle de Marcilly vint s'établir avec nous. Il avait loué le château de Marcilly et, débarrassé de tous soins, il nous donnait les étés et allait passer les hivers à Montpellier.

Maman m'envoyait, deux fois par jour, chez

Mme Cosway qui avait une maison d'éducation dans les bâtiments de l'ancien couvent des Carmélites.

Mme Cosway n'était pas une maîtresse de pension ordinaire. Cosway, son mari, était peintre du roi d'Angleterre. Dans un voyage qu'il avait fait en Italie, charmé des talents et de la grâce d'une jeune Italienne, fille d'un hôtelier, il s'éprit d'elle, l'épousa et la rendit fort heureuse, quoiqu'elle fut beaucoup plus jeune que lui. Elle eut une fille qu'elle perdit, à l'âge de douze ans, et ne pouvant se consoler, sentit le besoin de se créer une famille adoptive. Elle quitta l'Angleterre et, autorisée par son mari, se voua à l'éducation d'enfants qui lui rappelaient sa fille. Très bonne catholique, l'archevêque de Lyon la protégeait. Je ne sais qu'elle raison la fit quitter les Carmélites et transporter son établissement dans l'ancien couvent des Dames de Saint-Pierre, sur la place des Terreaux. Je continuai d'aller chez elle, et cette circonstance nous donna une occasion de voir de près le Saint Père Pie VII, aux fêtes de Pâques, lorsqu'il s'arrêta à Lyon, s'en revenant de Paris, où il était venu pour le sacre de l'empereur. (Avril 1805.)

La ville, à son entrée, lui fit une réception magnifique, avec les honneurs dus aux souverains : tous les édifices publics furent illuminés dans la soirée, ainsi que la plupart des maisons particulières. Quelques jours auparavant, Napoléon, accompagné de Joséphine, se rendant à Milan pour être couronné roi d'Italie, s'était arrêté à Lyon, laissant après son départ une partie de sa maison et de ses équipages pour le service du Pape; ces voitures impériales étaient un objet d'admiration. Mais ce déploiement de luxe, ces honneurs officiels ne furent rien auprès des démonstrations de la piété des fidèles. Elles éclatèrent surtout le jour où le Pape monta à Fourvières pour y rétablir le culte de la sainte Vierge dans l'antique chapelle, profanée et fermée depuis dix-huit ans.

Ce fut au retour de son pèlerinage à Fourvières que Pie VII vint au conservatoire des arts, établi dans les bâtiments de Saint-Pierre. Les produits de l'industrie lyonnaise y furent offerts à ses regards, et les procédés ingénieux pour la fabrication des étoffes lui furent expliqués. Il vint ensuite honorer de sa présence la maison d'éducation de Mme Cosway [1]. Le duc de Braschi, neveu du vénérable pape Pie VI, s'y trouvait et fut des premiers admis à offrir ses hommages. Quatre enfants, portant des corbeilles de fleurs,

---

[1] Le bon renom et l'importance de cette maison lui avaient valu, quelques jours auparavant, la visite de Napoléon et de Joséphine On lit dans la relation du passage à Lyon de LL. MM. Napoléon Ier, empereur des Français et roi d'Italie, et de l'impératrice Joséphine, en 1805, écrit, sur l'ordre du conseil municipal, par Delandine, bibliothécaire de la ville de Lyon:

vinrent au devant du Saint-Père, parsemant de roses son chemin et les marches de son trône pontifical.

Les jeunes élèves de Mme Cosway lui offrirent des palmes, des guirlandes de verdures. L'une d'elles lui récita en italien l'évangile du Bon Pasteur : *Je connais mes brebis et mes brebis me connaissent.*

Avant de se rendre au balcon, le Saint-Père s'assit et, suivant l'exemple de Notre-Seigneur, laissa venir à lui les petits enfants. Francisque encore en robe, et porté sur les bras de ma mère, reçut l'insigne faveur d'être posé sur ses genoux. Votre oncle croit se le rappeler. Ma sœur Cladie, qui allait avoir quatre ans, s'approcha aussi de lui; et lui disant : Monsieur le pape, veux-tu m'embrasser? tendait sa petite tête. Il fit un mouvement, comme pour lui donner un baiser, mais s'arrêta et posa seulement sa main sur cette tête blonde et bouclée.

Peu après le passage du Saint-Père à Lyon, l'habit ecclésiastique reparut en public et dans les rues d'où il avait disparu depuis les funestes jours de la persécution. Le cardinal déclara que ce qui

---

Les jeunes demoiselles de la maison d'éducation de Mme Cosway, éclatantes de grâce et de fraîcheur, ont entouré Leurs Majestés. L'une d'elles a complimenté l'Empereur en langue italienne et lui a présenté une branche de lauriers; une autre a offert à l'Impératrice une tige de roses.

était jadis nécessité, devenait désormais abus. Il enjoignit à son clergé de laisser de côté l'habit laïque, l'habit court et de couleur, pour revêtir l'habit long, c'est-à-dire la soutane avec ceinture et rabat, et les longs cheveux coupés courts. Ses ordres furent obéis et ceux de ses prêtres qui voulaient lui faire plaisir, joignirent au costume de rigueur le manteau long, les boucles d'argent ou d'acier à la chaussure et la poudre. Le clergé est nombreux à Lyon, où la dévotion fut toujours en honneur; aussi l'aspect des rues se trouva-t-il changé.

Mes parents quittaient peu la ville dans ces années de nos éducations; nous y restions une partie de l'été; mais nous étions toujours aux Mouilles avant le temps des vendanges. Mon oncle Marcilly y venait aussi. Il avait l'immense chambre ayant vue de trois côtés sur la campagne, qui occupait en entier l'un des pavillons en saillie sur le logis principal. A l'autre extrémité, au bout d'un grand corridor, nous étions toutes les trois, mes sœurs et moi. Les Mouilles se trouvaient au centre des habitations de toute la famille et d'amicales relations unissaient chaque maison. Beauregard et la Sidoine à mon oncle de Guichard; Corcelle, la Duchère, tout était à portée; nous étions dans un échange habituel de visites. La Duchère, à mon oncle de Varax, située sur la colline de Vaize, domine le cours de la Saône. Le château forme une masse considérable de styles très divers; l'ensemble est beau, la vue admirable, planant sur la ville sans en être trop près. D'un côté, l'habitation est prolongée par une terrasse, comparable à celle de Saint-Germain; de l'autre, par une longue galerie peinte à fresques, aboutissant à l'une des quatre grandes avenues qui ornent le parc. Cette galerie a été criblée d'obus pendant le siège dans la Révolution.

Les eaux vives qui jaillissent de toutes parts sur cette hauteur en sont une des beautés. On les avait amenées dans la salle à manger; elles y coulaient jour et nuit dans une vasque en marbre. Au salon, l'on avait pu conserver l'ancien ameublement en très belle tapisserie d'Aubusson, les panneaux représentaient des bergeries de Florian. Lorsque le comte du Nord, Paul de Russie, fils de la grande Catherine, vint en France [1], il passa à Lyon, dîna à l'hôtel de ville, visita les environs et monta à la Duchère. Il y laissa quelques cadeaux et souvenirs, entr'autres un arc tartare avec ses flèches, que mon frère doit avoir.

Mon oncle de Varax menait une existence patriarcale; sa femme était une belle personne, brune comme une Italienne, accueillante avec une réserve un peu compassée, maîtresse de maison très entendue, ce qui était bien nécessaire : la

(1) En 1780.

Duchère était un caravansérail. Tous les cousins de Paris, Grenoble, Vidaux, Pluvos et Mondragon qui passaient à Lyon pour leurs affaires, prêtres, religieuses, bonnes sœurs, trouvaient à la Duchère une cordiale hospitalité. Je me souviens y avoir vu M. de Lestrange, qui rétablit les Trappistes en France.

Mon oncle, du caractère le plus franc, le plus serviable, employait fort utilement une grande activité. Maire du faubourg de Vaize [1], dont la Duchère fait partie, il y était adoré. Un trait vous peindra combien il méritait de l'être. Un malheureux sorti du bagne, avec le désir de se faire à Vaize une vie honnête, vint se confier à lui ; si ses antécédents avaient été seulement soupçonnés, il aurait été perdu. Mon oncle l'aida à cacher son horrible secret. Il le dispensa de se rendre dans les bureaux de la mairie et arrangea qu'il irait, lui, trouver le pauvre forçat à sa boutique. Ce qu'il fit régulièrement, pendant nombre d'années, soigneux de ne pas manquer à son devoir de surveillance. Comme il circulait dans son faubourg ainsi qu'un père au milieu de sa famille, personne ne remarqua ses visites à l'homme qui fut sauvé, eut une conduite irréprochable et prospéra dans son commerce.

---

(1) A la Restauration, M. de Varax fut fait chevalier de Saint-Louis ; il devint maire de Vaize et le demeura pendant quinze ans, de 1815 à 1830.

Agarite, Jules, Louise, Gabriel, Louis et Zoé, les six enfants de mon oncle de Varax, étaient pour nous de bons et aimables cousins; mais ils avaient été élevés aux lisières et aux bourrelets et ils étaient craintifs et peu adroits, de sorte que nous n'étions pas à l'aise pour jouer avec eux; ils y gagnaient trop de bosses au front. Cependant, il y avait, à côté de la salle à manger, une tour octogone, et, dans cette tour, un cabinet ou un office, paré et revêtu de faïence du haut en bas et garni du plus complet ménage d'enfant, et sur la terrasse, un énorme chariot d'osier; ces choses suffisaient à donner beaucoup d'attrait à nos visites.

Corcelle est un château curieux, ancien manoir féodal, entouré de murs et flanqué de tours et donjons. A l'intérieur, rien n'y a jamais été changé; et c'est ce qu'on pouvait faire de mieux. La famille l'a possédé et les Corcelle l'ont toujours habité de pères en fils depuis le temps de Henri IV. On y conserve précieusement un portrait de ce roi, peint sur cuivre, et donné par lui. Mon grand-père avait fait à Corcelle de grands établissements pour faire le vin; un immense bâtiment garni de cuves et de pressoirs; des caves voûtées au-dessous, où les charrettes pouvaient circuler. C'est encore un beau et complet ensemble quoiqu'imité et surpassé dans le pays. Un jour, au temps de ces travaux, on fut éveillé par un bruit effroyable;

c'était une tour qui croulait. On avait trop approché de ses fondations. Mais le bizarre est que le bas est resté solide; le haut seul a fait la culbute.

Nous allions à Corcelle tous les ans passer quelques semaines. Les cousins de la Roche-Nully y venaient en même temps. Ma tante de Villieu quittait peu ses parents, et ses enfants, Thérèse, Hélène et Joseph,étaient comme les maîtres de la maison dans leurs rapports avec les Nully et nous; mais pour l'habitude de la vie, ils n'avaient pas beaucoup de liberté; notre grand-père les tenait serrés; sa préférence était pour les enfants de son fils. Il appréciait beaucoup leur mère.

Ces petits Villieu profitaient de nos visites pour s'émanciper et l'on nous accusait alors des accidents du ménage ou des gaspillages du jardin. Nous n'avons jamais pu les supporter; et pour moi, le château de Corcelle, quelque bon traitement que j'y ai reçu, alors et depuis, ne me représente qu'un séjour triste. Mon grand-père avait cependant des caprices de gaieté. Je vais vous en conter un pour vous donner l'idée de ses manières et de ses préférences.

— *Vous voilà tous! à quoi jouez-vous?* Notez qu'au bruit de sa canne, nous étions devenus immobiles. — *Allons, faisons un mariage! Joseph, tu es le marié, Cladie, l'épousée. Joséphine, tiens le livre! Thérèse, apporte les flambeaux!* Il fait un discours et je ne sais plus quelle cérémonie et s'en va. Aussitôt, à qui ôtera son déguisement et se débarrassera de son attirail. Je jette étourdiment mon livre sur la cheminée et casse un globe de verre. Nous nous sauvons de plus belle. A quelque temps de là, grand-père passe, voit l'accident. Comparution devant lui. — *Mademoiselle Thérèse, vous avez cassé ce globe, vous le payerez.* — *Mon bon papa, ce n'est pas moi !* — *Taisez-vous, mademoiselle, je sais ce que je dis.* Malgré ma confusion et ma timidité, la conscience me forçant à ne pas laisser accuser ma cousine innocente, je hasardai un humble : *Bon papa, c'est moi; je ne l'ai pas fait exprès.* Il ne me laisse pas finir : *Taisez-vous, petite menteuse,* cria-t-il. Sa voix était foudroyante, ses sourcils froncés, et cependant on voyait qu'il réprimait une envie de rire. Aussi l'affaire en resta là, encore par notre fuite.

Ma grand'mère (1) était toujours occupée ; je l'ai vu travailler à sa tapisserie jusqu'à l'âge le plus avancé; de plus, elle exerçait la médecine pour tous les pauvres du pays. Sa pharmacie, des plus complètes, avait un grand attrait pour nous, et quand mademoiselle Jeannette, sa femme de chambre depuis quarante ans, nous permettait d'aider à faire ses pilules, nous étions dans le bonheur. Grand'mère avait une émule et amie, la

---

(1) Françoise-Geneviève de Mascranni, Mme de Corcelle.

Mère Chaton, chanoinesse de la famille de Bussy; on avait changé son nom à elle, — Mlle du Chatelard, — en ce *Chaton,* sobriquet amical. Les deux docteurs en cornette avaient des systèmes différents; leurs contestations dégénéraient en querelles dont bonne maman riait de bon cœur. Cette gaieté, cet enjouement étaient un des traits distinctifs de son caractère. La dignité de son aspect n'y perdait rien d'ailleurs. Grande, svelte, se tenant droite, ma grand'mère avait l'air fort noble. Elle avait conservé beaucoup des habitudes d'un passé disparu. Ainsi, de la meilleure foi du monde, sans vouloir être impertinente, elle appelait Mamzelle Mmes Tavernier et Dussieux, marchandes bien achalandées et considérées de Bellecour, dont elle connaissait les maris et les enfants. Elle disait : Je *crai* pour je crois; tenez-vous *drête,* et son ortographe était pittoresque; elle écrivait très agréablement et signait : Ta bonne *mamant.*

Mes grands-parents entretenaient de bonnes relations avec les châteaux voisins, le mouvement des visites ne déplaisait pas à ma grand'mère. Il y avait à Corcelle deux voitures, un cocher et des chevaux datant de vingt et trente ans. Les jours de gala, Meunier coiffait sa longue figure d'un tricorne, endossait une houppelande ou manteau à collet, et se juchait sur le siége à baldaquin du carosse doré. On allait à l'Ecluse, au Grand-pré à Poncier; nous étions dans l'enchantement.

A l'arrière-saison, quand tous ses petits-enfants étaient réunis, mon grand-père, fidèle aux anciennes coutumes, nous laissait suivre la vendange. Nous prenions notre rôle au sérieux, remplissant consciencieusement quelques paniers de raisins; et le soir, la journée finie, nous nous mêlions aux vendangeurs qui venaient danser des rondes dans la cour du château.

Des quatre enfants de ma grand'mère, aucun ne lui ressemblait; ses filles encore moins que ses fils. L'aînée, ma tante Jenny, Mme de Villieu, tenait tout de son père; peu avenante; instruite et ne craignant pas de le faire paraître. Malgré son air sévère, elle était très faible pour ses enfants. M. de Villieu avait la tenue correcte d'un officier de l'ancien temps, avec une raideur peu commune. Il ne me reste de lui qu'un vague souvenir. On le voyait peu; il était sérieux et pas imposant; beaucoup plus âgé que sa femme, ce me semble.

Ma tante Fleury, mariée à M. de la Roche-Nully, était juste aux antipodes; fort jolie, d'un caractère peu sérieux, elle trouva chez son mari des goûts pareils aux siens. Il était né à Saint-Domingue

---

(1) L'Ecluse à M. de l'Ecluse. — Grand-pré à M. de Chênelette. — Poncier à M. de Graneux, parent de Mme François de Corcelle.

d'une ancienne et très riche famille, et avait le caractère créole, facile et bon; nous l'aimions beaucoup. Leur maison à Saint-Lager était placée au millieu de châteaux élégamment habités par une société aimant le plaisir. Mon oncle et ma tante prenaient la vie très gaiement.

Je veux maintenant vous parler de la Sidoine ou plutôt de mon oncle et de ma tante de Guichard. Je dois un souvenir particulier à la bien aimée sœur de ma mère, et à cet oncle si respectable que nous pouvons regarder comme l'un des saints dont notre famille a été honorée. Il avait vingt-cinq ans de plus que ma tante, et par conséquent était déjà vieux quand nous l'avons connu. A l'extérieur, rien de remarquable si ce n'est son costume qu'il avait conservé de l'ancien temps; culottes courtes, bas chinés et la petite queue poudrée. Sa mise fort correcte d'ailleurs, quoique hors de mode, pouvait convenir à une économie forcée ou de parti pris. C'est ce que la sienne était. La rigidité de ses principes lui faisait un devoir de ne jouir que de la moitié de ses revenus, en consacrant l'autre moitié aux pauvres. Sa fortune était fort belle et, grâce à ce partage, il pouvait faire beaucoup de bien. A côté des aumônes de tous les jours, il aimait les œuvres complètes, largement faites. Ainsi, dans la ville de Trévoux, il fonda l'école tenue par les Frères de la Doctrine Chrétienne; ma tante, plus tard, fonda la même œuvre pour l'éducation des filles, sous la direction des Sœurs de Saint-Charles.

La simplicité de ses dehors fut cause un jour d'une méprise assez plaisante. Il allait en petite voiture de Trévoux à Chatillon surveiller ses fermes de Saint-Paul de Varax; en descendant, comme il mettait le temps à compléter sa monnaie, le conduteur qui ne le connaissait pas, recevant sa première pièce dit : *Pour vous, petit bonhomme, c'est assez. — Le petit bonhomme peut payer*, répondit-il en complétant sa petite somme. Jamais il ne restait désœuvré, regardant le travail comme une obligation imposée par Dieu à tous les hommes. Nous connaissions ses habitudes et la règle qu'il s'était faite, dès que nous le voyions arriver, nous nous empressions de lui apporter du riz, des lentilles, qu'il épluchait au salon, tout en causant. Sa conversation était remarquable; il avait beaucoup d'instruction, un esprit sévère et caustique à la fois, porté dans l'occasion à une rude franchise dont il ne se faisait pas scrupule. La raison et la foi avaient fait de lui un saint, la nature ne lui avait pas donné l'indulgence.

Très sobre, même mortifié, il ne pouvait souffrir la recherche et la gourmandise. Tous les vendredis, il avait à dîner une dame parasite et gourmande, qui, lorsqu'on apportait la carpe de fondation, avait soin de chercher la langue et de se la servir. Il fit mettre cette langue, une fois, à l'autre extrémité, sous la queue du poisson, s'amusa de la déconvenue de la dame, puis ayant trouvé le friand morceau, le garda pour lui en riant.

Il ne vivait que des mets les plus champêtres; cependant il prenait volontiers du thé à son déjeuner, ce qui était fort extraordinaire en Bresse. Ma tante m'a raconté qu'un jour, comme il voyageait, il remit à une servante d'auberge quelques pincées de sa provision de thé, qu'elle lui rapporta fricassées avec une saucisse. Son jansénisme en fut amusé et je ne serais pas surprise qu'il y eût vu la punition du scandale donné à la simplicité des mœurs du pays.

La Sidoine, comme la Duchère, offrait la table et le logis à toutes les bonnes âmes qui passaient par là. On y reçut souvent des hôtes bien respectables, mais quelquefois aussi des aventuriers, qu'il fallait éconduire, et des importuns, des indiscrets. Mon oncle passait les étés dans sa terre de Beauregard, et seulement les hivers à la Sidoine à coté de Trévoux. Quand il mourut, en 1807 ou 1808, il laissa Beauregard à son neveu, M. de Bonrepos, et ma tante n'y alla plus. Elle se fixa dans la maison de Trévoux dont elle avait la jouissance. C'est là qu'elle eut, en 1811, l'honneur, dont elle fut bien heureuse, de donner l'hospitalité aux évêques de Nocera et de Terracine, exilés en France.

La Sidoine était une grande maison sans caractère, prédestinée à ce qu'elle est devenue, un couvent. Un immense jardin plat, partagé à la française, bordure de buis, bassins, avec une terrase sur le bord de la Saône ; une grande avenue de marronniers aboutissant à un couvert d'arbres magnifiques près de la maison, était le principal ornement de ce lieu. Mais ce qui en faisait le charme incomparable, c'était notre bonne tante, avec sa tendre bienveillance et sa bonté sans égale. Elle n'avait pas eu d'enfants et reportait sur les enfants de son frère et de sa sœur une tendresse maternelle [1].

Vous voyez, chères filles, comme nous étions bien entourés ; nous jouissions pleinement de cet avantage inappréciable de vivre au milieu des nôtres près de voisins liés de tout temps avec eux. Dans ces conditions, les habitants du pays,

(1) Quand elle mourut (février 1843), en cette demeure de la Sidoine, où sa vie entière s'était écoulée, se répandant en bienfaits et en prières devant Dieu, tout le pays environnant vint honorer ses funérailles. Ce qu'il y eut alors de très particulier, c'est que d'un assentiment universel, on y voulut voir non un deuil, mais un triomphe. Le *vox populi* la canonisait. Les tentures funèbres, les symboles de la mort, envisagées comme expiation, punition du péché, furent écartées de ce cercueil. La mort y apparaissant uniquement comme l'entrée aux récompenses éternelles, on disposa l'église de Trévoux, ornée comme pour un jour de fête. Le prêtre qui célébra le Saint Sacrifice, le clergé qui assista le célébrant, l'autel, tous avaient revêtu des ornements violets. Les ornements noirs furent exclus. (Note de Mme de Barberey.)

les fermiers, les serviteurs ne sont plus des étrangers ; leurs familles tiennent à la nôtre.

Mlle Brun, devenue Mme Landrivon, venait aux Mouilles souvent. Son mari entendait les affaires et faisait celles de mon père et de mes deux oncles de Varax. Il était économe d'un des principaux hospices de Lyon, celui des aliénés, dit *l'Antiquaille.*

Bien excellent homme, dessinant un peu, il nous faisait crayonner d'après nature ; c'était bien primitif. Sa fille, une douce et bonne compagne, ainsi que Louise Ricard, une bien bonne amie, partageaient aussi nos vacances. Toutes deux, élevées à la ville, craignant le chaud, le froid, l'humidité, se trouvaient avec nous lancées dans une vie bien extraordinaire. Nous traversions, en octobre, les ruisseaux pieds nus, sautions les fossés, grimpions les pentes escarpées. Cette gymnastique naturelle nous avait rendus robustes et adroits, et leur faisait du bien quoiqu'elles ne nous suivissent que de loin. Nous les avons perdues jeunes ; Louise, mariée et heureuse ; Mariette, religieuse de Saint-Joseph. Le voile l'avait rendue agréable à voir, tandis que dans le monde, elle était de celles dont ma tante de Guichard disait : *Elle n'est pas précisément jolie.*

La bonne Durand vint aussi quelquefois chez ma mère, mais plus tard. Si je parle d'elle à présent, c'est pour en finir du chapitre des hôtes hors famille. Elle était une personnalité d'un autre temps, qui serait étonnante en celui-ci.

La bonne Durand était veuve du cuisinier de notre oncle Rivérieulx, prévôt des marchands. A la mort de son mari, elle demanda à le remplacer et s'en tira à son honneur; c'était une grande artiste à ses fourneaux. La Révolution arrivée, elle se rendit utile à beaucoup de membres de la famille, sauva des prêtres, des religieuses, qu'elle accompagnait hors de France, à Genève, au péril de sa vie. A la suite d'un de ces voyages, elle était devenue boîteuse. La famille la tenait dans une modeste aisance, chacun lui témoignait des égards et elle avait une position à Lyon dans la sacristie de Saint-François. Sans éducation première, elle avait beaucoup d'esprit naturel et recevait les visites du clergé et de beaucoup de personnes de la ville dans sa petite chambre, avec une aisance parfaite, une vive ardeur politique et une grande abondance de prophéties, entre autres la chute de l'empire, qui lui donna raison. On était si accoutumé à l'appeler *bonne Durand* que des lettres adressées à Madame Bonne Durand lui arrivaient tout droit.

Ma mère, à l'affût de toutes les occasions de nous faire apprendre quelque chose d'utile, arrangea avec elle qu'elle nous montrerait à faire la cuisine. Nous y prenions plaisir; et encore plus à ses histoires du temps passé.

Nous étions aux Chartreux, dans l'hiver de 1809, lorsque mon grand-père (Joseph de Corcelle, né en 1728) vint à mourir, il avait 81 ans, et pas d'autre infirmité que des attaques de goutte. Mon père hérita de Corcelle, mais la campagne ne lui plaisait pas ; il aurait fallu l'habiter. Il échangea son lot contre celui de son frère, vendit les Mouilles et acheta, près de Corcelle, à Fleury, un vignoble avec une maison pour y passer le temps des vacances. Mon oncle François et ma grand'mère continuèrent d'habiter le vieux manoir.

Ma mère n'avait pas cessé de m'envoyer tous les jours chez Mme Cosway. Cladie y allait aussi, mais il arriva que la ville reprit l'ancien couvent de Saint-Pierre pour en faire un musée. Mme Cosway dut s'éloigner encore. Nous ne la suivîmes pas. Ma mère nous rapprocha d'elle. Nous avions dans le bâtiment abbatial des Chartreux, et pour voisine, une dame veuve qui venait de fonder pension dans d'excellentes conditions. Elle avait cinq filles, instruites, bonnes musiciennes, qui suffisaient seules, sans maîtres étrangers, à l'instruction des élèves. Comme elle était du midi, elle eut tout de suite un assez grand nombre de jeunes filles d'Avignon, Marseille et Nîmes, qui venaient chez elle pour recevoir une bonne éducation, et perdre l'accent du cru, au risque de prendre celui de Lyon. Les autres dépendances des Chartreux étaient occupées par des missionnaires diocésains. Maman trouva ainsi réuni ce qu'elle désirait pour moi, les leçons de mon âge et l'instruction religieuse au moment de ma première communion. J'étais tout le jour chez Mme Regnaud. Je fis ma première communion, en 1810, dans l'église des Chartreux devenue paroisse; M. Gagneur de Poligny étant curé.

Francisque, dès cette époque, apprenait les premiers éléments d'étude chez un bon vieil abbé, près duquel on le menait tous les jours passer quelques heures. En rentrant, il nous répétait les leçons de son bon vieux maître, qui avait des manières ingénieuses de les lui faire comprendre. Les voyelles sont des cloches d'argent; les consonnes, des cloches de bois AA, II, BB, DD; et il s'exerçait à faire sonner ces deux cloches; vraie scène du bourgeois gentilhomme. Ce cher frère était d'un sérieux le plus amusant du monde. Entendait-il prêcher, il nous déclamait un sermon; le plus souvent il inventait des scènes de polichinelle à mourir de rire, tandis qu'il gardait sa gravité.

Il a été jusqu'à douze ans petit et tout rond. Rien ne présageait la grande taille que vous lui voyez; des mains de ce bon abbé, il ne tarda pas à passer dans celles de M. Brun, frère de Mme Landrivon, qui tenait une pension à Lyon. Il y est resté jusque vers l'âge de treize ans.

La santé de maman devenait de plus en plus délicate, on craignit que l'air des Chartreux ne lui fut trop vif. Mes parents prirent un appartement à Lyon sur la place de Bellecour. Maman perdait la voix tous les hivers, et l'on avait peur pour sa poitrine. Je ne la voyais plus qu'un moment dans la journée, bien soigneuse de ne pas la faire parler, si bas que ce fut. Les voyages étaient alors difficiles; on n'avait pas l'idée de déplacer une famille entière pour aller passer l'hiver au midi; on faisait à maman une atmosphère artificielle en tenant des baquets d'eau chaude en évaporation dans sa chambre. Une année, elle fut si malade, que mon oncle me donna des prières à faire pour elle. J'ai vu, plus tard, que c'étaient les prières des agonisants. Si je l'avais su alors, j'aurais été bien malheureuse.

A peu près comme nous descendions à Lyon, Mlles Regnaud quittaient aussi les Chartreux et s'établissaient sur la colline en face de Sainte-Irénée; ma sœur Cladie les y suivit et resta avec elles jusqu'à sa première communion, qu'elle fit dans l'église des Martyrs. J'étais seule à la maison, mais j'avais beaucoup de maîtres et me préservais de l'ennui : M. l'Espinasse, puis M. Grosbon pour le dessin; le premier dessinait bien, le second avait surtout du talent pour le paysage. Il y a un beau tableau au musée du Luxembourg. M. Malpertuis perfectionnait mes études classiques. C'était un respectable père de famille, qui avait commencé par être novice chez les Trappistes. Obligé de les quitter à cause de sa faible santé, il les regrettait et parlait alternativement de ses chers Trappistes, de sa charmante famille et de la Trappe où il avait été si heureux. Mlle Agnès m'enseignait le piano, mais je manquais de dispositions et l'abandonnai pour la guitare à laquelle je ne réussis pas mieux, malgré ma passion pour la musique. Cladie, sortie de pension, revenait avec un commencement de leçons de harpe qu'elle continua avec succès; elle acquit un vrai talent. Sa voix était superbe, très étendue, sonore et douce. Ma petite voix se mariait bien à la sienne et lui était commode pour étudier les duos en l'absence d'un professeur. Je chantais les parties de Licinus, Fernand Cortès et de François Ier. Ma mère n'était malade que pendant l'hiver; les forces et la voix lui revenaient avec la saison d'été. Nous reprenions alors les habitudes de la vie de famille, séjour à Marcilly, que mon oncle recommençait à habiter, et vacances passées à Fleury, visites à Corcelle, à la Sidoine, etc., etc.

Je ne puis aller plus loin, mes chères enfants, sans vous parler du bonheur que nous avons eu pendant tant d'années. Jamais enfants n'ont été élevés dans un pareil milieu : mon père, mon oncle Marcilly, notre second père, tous deux spirituels, distingués, s'entendant justement autant par la différence de leurs esprits que par la conformité de leurs principes; nous, écoutant et profitant sans nous en douter. Mon oncle, gai, au superlatif, aimait à nous chercher de petites querelles pour aiguiser nos esprits, mon père et lui étaient d'une si grande réserve de langage, que jamais nous n'entendions un mot léger ni cancans. Les discussions pesantes étaient interdites entre nous. Maman avait un mot en ces occasions : *effleurons, mes enfants, effleurons*... Nous tenions tête au bon oncle ; à mon père, jamais, si ce n'est quand il le provoquait. En somme, nous étions très retenus ; et cependant nous nous sentions libres, aimés et heureux.

A mesure que les petits croissaient, ils apportaient leur contingent d'intérêt et d'aptitude. Francisque se passionnait pour le Virgile qu'il abordait et voulait nous faire partager son admiration ; il entendait la cadence des pas des chevaux en récitant son latin. J'avoue que j'ai surtout admiré sur parole. Suzanne nous amusait chaque jour par une industrie nouvelle dont elle enrichissait son palais sous une console. Son caractère et son esprit avaient, dès le début, le cachet de douce intelligence et de fine gaieté que vous lui connaissez.

Ma chère maman, dont je parle si peu, était l'âme invisible plânant sur tous. Sa piété si tendre était communicative sans qu'elle en parlât beaucoup. En général, elle ne faisait pas de longs discours ; un mot, une réflexion à propos étaient compris. Jamais elle n'usait d'autorité en récriminations ; elle ne grondait pas, elle persuadait. Ma sœur Suzanne garde la même impression de ce cher souvenir ; voilà ce qu'elle m'en a écrit :

« Sa physionomie exprimait à la fois la bonté, l'énergie et une remarquable vivacité d'esprit. Ces trois dons, si rarement réunis, se peignaient dans ses yeux avec une promptitude et un éclat si vif que son regard devenait lumineux, surtout quand quelque chose heurtait ses sentiments si nobles ; et chose singulière, c'est que la douceur habituellement angélique de ce regard n'en était pas altérée ; elle demeurait à travers l'autre sentiment qui l'animait. Je me souviens, avec respect, de ces saintes colères suivies d'une incomparable mansuétude. C'était pour nous un ange qui se fâchait, en sorte qu'il ne pouvait rester dans nos cœurs d'enfants qu'une impression profitable : de là, répulsion pour ce qui n'était ni le beau ni le bien, et l'habitude de goûter la bonté toujours présente. »

Très sévère pour les lectures et pour les sociétés, ma mère ne laissait approcher rien de suspect. Jamais de romans ; et pour les livres de poésie, maman nous les donnait en marquant les pages qu'elle interdisait. C'est ainsi qu'entre autres chefs-d'œuvres, j'ai lu la Jérusalem délivrée.

La tentation ne nous venait pas de regretter ces pages qui nous étaient interdites. Nous savions qu'il s'y trouvait ce que nous appelions entre nous des *Marguerites ;* cela suffisait. L'origine de ce mot, qui demande explication, était dans l'habitude que maman avait, du temps qu'elle était aux Chartreux, de nous envoyer cueillir des marguerites, — petites pâquerettes, — quand elle voulait causer en confidence avec quelqu'une de ses amies : *allez, petites, cueillir des marguerites,* et cela même l'hiver, quand il neigeait. La ruse éventée : *Il y avait des marguerites,* disions-nous, dans toutes les occasions où nous apercevions la prudence de nos parents et leurs finesses pour dérouter d'embarrassantes curiosités.

La bibliothèque de Marcilly, riche en toutes sortes d'ouvrages sérieux, histoire, littérature, voyages, droit, théologie, nous fournissait des lectures choisies par mon oncle. Nous avons couvert bien des cahiers d'extraits, depuis le bon Rollin et Vély en dix volumes in-folio, jusqu'à Hume, non moins verbeux. Mon zèle pour l'histoire m'a fait accomplir un tour de force de ténacité : j'ai copié sur du papier d'architecture énorme les deux tableaux d'histoire ancienne et d'histoire moderne de l'atlas de Lesage, que nous n'avions pas en notre possession.

Mon père laissait à ma mère une direction dont elle s'acquittait si bien, il avait toute confiance en elle; même pour les grandes affaires. Jamais nous n'avons été témoins de contestations. Il est impossible qu'il ne se soit pas trouvé des occasions de divergences d'idées entre eux; mais ils avaient un tel respect l'un pour l'autre, que les enfants n'ont pu s'en apercevoir. Tout au plus, quelques impatiences, contenues chez la chère maman, quand mon père, qui était la distraction même, n'était pas prêt à l'heure d'un départ ou d'un rendez-vous. Elle s'agitait, nous envoyait l'aider soi-disant, mais ne permettait pas un mot de blâme. Mon père était, de son côté, bien soigneux pour elle et attentif. Sa distraction ne l'a jamais empêché de fêter la Sainte-Hélène. Jusqu'à la dernière année, nous l'avons vu apporter un rosier ou un jasmin blanc, fleur favorite de maman, pour le jour de sa fête. Il était aux champs, quand il la voyait malade.

Mais que dire de l'amitié de ma mère pour son frère? et de celle du bon oncle pour elle? C'était une affection comme celles dépeintes par Saint-Augustin et Montaigne : confiance aux conseils, sécurité complète de partage à tous les intérêts, depuis les plus grandes affaires jusqu'aux petits détails. Séparés, ils s'écrivaient de vrais volumes. Aussi, quand mon oncle nous fut enlevé, étions-nous bien en peine de maman.

Après la mort de mon grand-père, mon oncle François continuant à Corcelle sa vie occupée, ma grand'mère ne le quittant pas, les mêmes serviteurs demeurant autour d'eux, en apparence rien n'était changé. Nous allions souvent de Fleury à Corcelle, mais nous n'y séjournions plus et nous n'y retrouvions que rarement mes tantes. Elles avaient toutes les deux formé de nouveaux établissements près de Châlons; ma tante de Villieu à la Tour-Bandin, ma tante de Nully à Saint-Germain.

Ma grand'mère désirait beaucoup voir marier son second fils; elle l'y décida en 1810. Il épousa Mlle Emilie de Ferus de Vendrange qui se fit un devoir de partager ses goûts; très pieuse, gaie, elle s'entendit parfaitement avec sa belle-mère qui se déchargea sur elle du gouvernement de la maison. Elle n'eut d'enfant que plusieurs années après son mariage et mourut en couches (en 1815). Son enfant n'avait pas vécu. Mon pauvre oncle fut désolé de cette perte ; il aimait à cultiver sa douleur et à la témoigner. Tout son appartement se couvrit de sentences de l'Ecriture Sainte et de passages des Psaumes exprimant la douleur. Ses pieuses austérités devinrent celles du cloître. Il couchait sur la planche comme un Trappiste.

Je n'ai gardé qu'un souvenir confus des événements qui intéressaient le pays jusqu'à l'époque de la campagne de Russie. Mon père et mon oncle avaient été très sensibles à la gloire de nos armes; ils furent consternés de leurs revers. Lors du désastre de Moscou, je me rappelle la douleur de mon père. Nous étions à Fleury; il jeta le journal et se sauva dans les champs, après une exclamation désespérée. La politique à cette époque se concentrait dans l'intérêt qu'on prenait dans les vicissitudes de la guerre; les discussions sur le gouvernement à l'intérieur n'existaient en aucune façon; cependant, on commençait à se lasser d'avoir à sacrifier tant d'argent et tant d'hommes.

Mon frère, après être resté quelques années chez M. Brun, avait été mis au collège Henry IV, à Paris. Il y faisait de très bonnes études. Son répétiteur, M. Bourdon, disait de lui : « Voilà un jeune homme qui amasse beaucoup de choses dans son magasin, il sera bien riche quand il les mettra en ordre. »

A défaut de parents, que nous n'avions pas à Paris, mon frère était visité par M. d'Ars [1], cousin de M. de Guichard et ami de ma tante; un excellent homme, bienveillant et sage. A le voir, à cette époque, personne n'aurait pu se douter qu'il avait été parfaitement fou. Peu de temps après son mariage, il était venu avec un grand

---

(1) M. d'Ars possédait le château et la terre de ce nom, dans le village devenu célèbre par les vertus de son saint curé.

couteau à la main, près du lit de sa femme, lui annonçant qu'il allait lui couper la tête, parce qu'il en avait reçu l'ordre de la Sainte Vierge. Mme d'Ars eut la présence d'esprit de lui dire qu'elle avait eu la même révélation, mais que la Sainte Vierge lui avait ordonné d'aller à Fourvières avant de mourir. Le lendemain, sous prétexte du pèlerinage, elle se retira chez ses parents, qu'elle ne quitta plus, quoique M. d'Ars eût recouvré sa pleine santé.

Nos cousins de la Roche Nully, Isidore, Augustin et Palamède, étaient aussi élevés à Paris. Isidore passa de la maison de l'abbé Liautaud à l'école de Saint-Cyr. Lors des examens, mon père alla voir l'examinateur qui lui dit : « *Monsieur, soyez tranquille ; on ne refuse pas un beau cavalier de cinq pieds six pouces, pour quelque réponse insignifiante.* » Je puis ajouter qu'Isidore répondit bien.

Le goût qu'avaient pour les distractions et la vie animée, mon oncle et ma tante, ne les privèrent pas de prévoyance. Isidore venait de recevoir l'héritage d'un cousin de son père, M. de la Roche de Vaurenard ; ses frères, Augustin et Palamède, n'ayant pas le même avantage, mon oncle destina Augustin aux affaires et le fit entrer à l'école d'application. C'est là que ma grand'mère lui écrivit : A M. de la Roche Nully, à l'*École royale militaire du commerce !* La chère grand'mère n'avait pas pu mettre dans sa tête qu'un gentilhomme fût à une autre école que militaire.

Palamède prit le même parti qu'Augustin. Tous deux passèrent au Mexique de longues années et en revinrent avec une grande fortune.

Isidore nous resta. Après avoir quitté le service, il demeurait habituellement avec ses parents, dans un petit château charmant, Saint-Germain, qu'il avait acheté près de Châlons; il venait souvent à Paris, et bien affectueusement chez mes parents, où il était reçu de même, comme aussi sa mère; mais elle venait plus rarement.

Les événements qui allaient amener la chute de l'empire se précipitaient; nous avions subi le désastre de Leipzig. Deux grandes armées de la coalition avaient envahi la frontière de l'Est; une troisième armée s'avançait par la Belgique, sous les ordres de Bernadotte. Napoléon se porta en avant dans l'angle compris entre la Seine et la Marne, espérant y arrêter et y vaincre les ennemis. Il pourvut à la défense des frontières du Nord, des Pyrénées, des Vosges. Augereau eut ordre de prendre à Lyon le commandement de l'armée qui devait s'opposer à l'invasion de ce côté. Plut au Ciel que des forces organisées à Lyon eussent existé, mais il ne s'y en trouvait pas.

Quand le maréchal Augereau arriva, il ne trouva ni soldats, ni armes, ni approvisionnements et les caisses publiques vides. Son énergie triompha d'une situation qui paraissait désespérée ; il forma des corps de volontaires, appela les hommes de tous les dépôts disséminés dans le Midi, obtint des renforts demandés aux vieilles troupes de l'armée d'Espagne ; la ville lui fournit deux bataillons de garde nationale active. Mon père, en sa qualité d'ancien officier, reçut le commandement d'un bataillon. L'élan de la population pour repousser l'invasion était universel ; on demandait à grand cri des armes. Tout promettait que les fils des Muscadins de 1793 se montreraient dignes de leurs héroïques devanciers.

Le baron de Mylius (1), officier dans la grande armée, avait été nommé colonel des bataillons de la garde nationale. Né en Wurtemberg, fils d'un colonel de Royal étranger, il servait déjà en France avant la Révolution dans le régiment de son père. Après le licenciement de ce corps, il était resté de sa personne dans l'armée française et avait fait toutes les guerres. Son accent, ses traits, la tournure de son esprit gardaient le cachet de son origine étrangère. C'était un bien loyal et honnête homme qui resta jusqu'à sa mort ami de notre famille.

Lyon devint très animé ; les bourgeois s'occu-

---

(1) Ne pas confondre le général de Mylius, officier de la Grande armée, avec son homonyme le baron de Mylius, gouverneur autrichien, à Lyon, après l'entrée des alliés au mois d'Août 1814.

paient à travailler aux fortifications; l'ennemi approchait. Un jour, M. de Mylius dînait chez nous; on entend le canon, quelques blessés passent sous nos fenêtres. — *Ce n'est rien,* dit le colonel, *affaire d'avant-postes. Ils sont tous blessés à la tête.* Mon père et lui nous quittèrent néanmoins et sortirent ensemble. Bientôt après mon père rentra. Il souffrait d'un si violent mal de gorge qu'on venait de lui appliquer des sangsues. A peine se détachaient-elles du cou; il était grande nuit, les cris : *Retraite! Retraite!* se font entendre lugubrement, et mon père se hâte de rejoindre ses hommes. Tout ce que nous pûmes faire pour notre tranquillité fut de charger de sirops et de tisanes son fidèle Frédéric qui était monté à cheval en même temps que lui.

Voici ce qui était arrivé. Les coalisés avaient avancé leur marche en Bourgogne et en Dauphiné. Mâcon s'était rendu au mois de mars. Les corps d'Augereau avaient brillamment soutenu l'honneur de nos armes, mais accablés par la supériorité du nombre, ils se voyaient acculés aux portes de Lyon. Un combat se livra entre Français et Autrichiens sur les pentes du plateau qui couronne les bois et le parc de la Duchère. Une vive fusillade s'engagea dans le château même, la nuit seule y mit fin; les Autrichiens avaient perdu 4,000 hommes, plus un millier de combattants faits prisonniers. Le maréchal Augereau entra de sa personne à Lyon à 10 heures du soir [1]. Deux partis maintenant lui restaient à prendre : défendre la ville où l'évacuer pendant la nuit.

Il convoqua un conseil composé des principales autorités : M. d'Albon, maire de Lyon, et M. de Varax, notre oncle, avec un autre de ses adjoints, y furent présents. A l'unanimité des délibérants, la défense de Lyon fut reconnue impossible. Il était évident que laisser l'ennemi attaquer de vive force serait s'exposer à des malheurs plus grands encore que ceux de l'occupation. On se résolut au parti de la retraite qui s'effectua dans la nuit même (20 au 21 mars).

L'armée autrichienne entra à Lyon le lendemain (24 mars 1814) et défila le long de la place de Bellecour, du quai de la Saône à celui du Rhône. On avait fermé toutes les fenêtres de notre appartement, mais nous ne pouvions nous empêcher de regarder à travers les persiennes; nous découvrîmes ainsi une ruse de guerre d'une façon assez singulière.

Pour faire croire à une armée plus nombreuse qu'elle n'était en effet, plusieurs régiments de cavalerie, faisant un détour, revinrent au point de

---

(1) En cette bataille, 14,000 combattants soutinrent l'effort de 60,000. Chaque officier, chaque soldat se défendit en héros. Les deux armées bivouaquèrent à une portée de fusil l'une de l'autre en avant du faubourg de Vaize. Leurs feux étaient presque confondus. (J. GUERRE. *Campagne de Lyon en 1814 et 1815*. Lyon 1816.)

départ dans le faubourg et défilèrent deux fois sous nos yeux, à une demi-heure d'intervalle (1). Nous devinâmes cette manœuvre en voyant sur la tête d'une cantinière certain chapeau que nous avions laissé à Fleury. Il était en forme de casque, vert et blanc, très remarquable, si bien que nous nous écriâmes en même temps : *Les voilà qui défilent deux fois et nous avons été pillés.* En effet, l'armée autrichienne avait passé en Beaujolais chez mon père. Le dégât fut modéré : la maison n'avait pas souffert, les soldats avaient seulement bu le vin et cassé le nez de mon Antinoüs.

A Corcelle, on fut moins heureux. Mon oncle y était resté pour protéger le village. Tous les habitants avaient amené leur bétail dans les vastes cours du château. Pour lui, il ne craignait rien; et ma tante Emilie, dans le bonheur de voir tomber Bonaparte, attendait les alliés comme des amis. Le château et les dépendances en étaient pleins. Dans son agitation pour les bien recevoir, elle descendit inspecter la cuisine. Tous les gens de la maison avaient fui; et elle n'eut que le temps de se sauver, après avoir entrevu un pauvre soldat dans l'état du père Adam, que ses camarades avaient étendu devant un grand feu dans la grande cheminée, et là ils

---

(1) Les troupes alliées, sous le commandement du prince héréditaire de Hesse-Hombourg, formaient une armée de 40,000 combattants de toutes armes. D'après les termes de la capitulation, leur défilé devait avoir lieu entre deux haies formées de gardes nationaux pour maintenir l'ordre.

l'oignaient de graisse et le frottaient pour guérir ses douleurs. Ma tante ne sortit plus de chez elle.

L'affaire de mon oncle François faillit être plus mauvaise. Il avait pour jardinier un prisonnier prussien resté dans le pays depuis Iéna. Cet homme s'y était marié; et sans avoir appris le français, avait oublié sa propre langue. Lorsqu'il vit arriver les Autrichiens, il perdit la tête et leur répondit dans un baragouin qui le fit reconnaître et menacer de jugement comme déserteur. C'est en le défendant que mon oncle François fut menacé lui-même.

Le service des postes était entre les mains des Autrichiens; ce fut par eux qu'on apprit à Lyon les derniers désastres de nos armées; on y était si peu préparé que beaucoup se refusaient à y croire. La municipalité de Lyon cependant n'hésita pas. A la nouvelle de la capitulation de Paris, elle se réunit et prit l'initiative de la déchéance de Napoléon Bonaparte et du rappel des Bourbons. Les actes de Sénat n'étant pas connus à Lyon, une telle déclaration était une grande hardiesse. Mon oncle de Varax, adjoint du maire, s'y associa avec la chaleur de son caractère et de ses convictions. On arbora le drapeau blanc et la municipalité sortit de l'hôtel de ville pour proclamer le roi Louis XVIII (8 avril 1814).

Il fut convenu qu'une députation, composée de cinq personnes, serait aussitôt envoyée à Vesoul, où M. le comte d'Artois se présentait. Mon oncle de Varax, Camille Jordan, M. de Laurencin furent parmi les notables qui portèrent au prince le vœu de la municipalité lyonnaise.

Dès le premier moment de l'occupation, mon bon oncle de Marcilly était venu demeurer avec maman, pour l'appuyer de sa présence. Nous eûmes à loger divers officiers de passage que nous ne vîmes pas, excepté deux Saxons, je crois, élégants, polis et à prétentions de parler français. Ils demandèrent à présenter leurs hommages et prirent nos mains pour les baiser. Dans la conversation, parlant d'une fermière qui les avait bien reçus : *Bonne femme,* dit l'un d'eux, *mais un peu salope*. On voyait sa bienveillante intention de se servir d'un mot *choisi*, un *diminutif,* pour atténuer l'accusation de malpropreté. Quand ils se présentèrent le lendemain pour prendre congé, Cladie avait eu soin de se barbouiller les mains de pâte d'amandes, enchantée de les sauver du baiser et de faire une niche à l'ennemi.

Maman fit exception en faveur du jeune prince de Hesse-Hombourg, frère du prince général en chef. Elle le reçut à notre table ; il logea près d'un mois chez nous. C'était un tout jeune homme de dix-huit ans, colonel, d'une taille de cuirassier, rose et blanc comme une jeune fille, et, je crois, assez timide. Il ne savait pas quatre mots de français. A la question de ma mère sur ce qu'il aimait afin de le lui servir, il avait répondu : *Beaucoup de pâte*, et, comme nous ne savions pas à Lyon ce que c'est que les *Nuddelns* et les *Kneps*, on le gorgeait de pâtés et de galantines. Après le dîner, il ne savait pas s'en aller tout de suite et restait debout; ce qui obligeait mon oncle à rester debout aussi et son infirmité le lui rendait pénible. Nous eûmes la bonne idée de lui montrer un jeu d'échecs ; mon père les avait un peu appris. Le prince fut enchanté de faire sa partie et de pouvoir rester sans parler. Un jour, après avoir vu maman faire un ouvrage de tricot, il apporta des bas de laine qui se tenaient debout tout seuls, comme des bottes. — *Maman a fait,* disait-il tout attendri, avec la naïveté d'un bon enfant.

La nouvelle des dernières défaites de la campagne de France vint consterner la ville. Quelques pauvres exaltés se refusaient à y croire et, se montant la tête, se mirent à crier : *Vive l'empereur !* aux oreilles des Autrichiens. Ceux-ci arrêtèrent un des plus expansifs. Nos amies d'Arzac et nous avions été attirées à la fenêtre par le bruit et le tumulte. L'état-major autrichien était logé à côté de nous. Sous nos fenêtres s'étendaient les faisceaux d'un corps de garde. Le malheureux y était amené et, conduit brutalement, se débattait. Me figurant que ces odieux étrangers allaient le battre à leur mode, hors de moi, l'indignation m'exaspérant, je prenais un pot de fleurs qui se trouvait sous ma main et l'allais jeter sur leurs têtes. Cladie et Clémentine [1] n'eurent que le temps de me saisir par les épaules et de me renverser sur le parquet. Notez qu'elles étaient aussi outrées que moi, mais heureusement moins emportées.

Un soir (23 avril 1814), nous remarquâmes un mouvement inaccoutumé sur la place de Bellecour. C'était l'empereur qui passait, se rendant à l'île d'Elbe, escorté par ce qu'on lui avait laissé de sa vieille garde. Il évita de se montrer, et nous ne pûmes apercevoir qu'une berline entourée d'une troupe fière et silencieuse. Les Autrichiens, sur le passage, regardaient sans démonstrations quelconques. La foule n'étant pas avertie, il n'y en avait pas. Ce passage inspira une certaine émotion que chacun contint.

La royauté rétablie et la paix faite, les corps de volontaires furent licenciés. Mon père revint et nous reprîmes les habitudes de la vie ordinaire. De tout temps, mon père avait pris plaisir à travailler dans son atelier, où marchaient alternativement le tour, la forge, l'établi. Il avait deux compagnons de travail : M. Philippe de Ponnat, cousin germain de ma mère, le meilleur des hommes, extrêmement adroit; il avait gagné sa vie pendant l'émigration en faisant des pièces

---

(1) Mlle d'Arzac.

d'optique parfaites, et n'ayant retrouvé à sa rentrée aucune fortune, il travaillait encore pour les opticiens les plus en renom. L'autre compagnon était M. de Talluyers, jeune homme de la société, qui avait aussi le goût de ce travail manuel d'amateur ; homme d'esprit, instruit et pas éloigné des idées politiques de mon père. L'atelier nous intéressait beaucoup ; mon père aimait à nous y recevoir, nous expliquait ses procédés, ses découvertes, car il en faisait ; perfectionnant sans cesse son outillage, son esprit était des plus ingénieux et toujours actif. Plusieurs de ses inventions ont été utilisées. Dans une autre position, ce génie inventif eut été une fortune.

Mon père, ulcéré des revers de la France, regrettant les gloires de l'empire, était froissé de voir déborder la joie de presque toute sa famille et sa société. Cette joie était une espèce de délire, dont, excepté mon père et mon oncle de Marcilly, qui sentait comme lui, tous étaient atteints. Un jour, allant voir nos cousins, à la Duchère, nous tombâmes à la fin d'un dîner que mon oncle de Varax donnait à un officier de l'armée autrichienne, émigré français. Il y avait là plusieurs étrangers, et l'on porta un toast à nos amis les alliés. Un des convives offrit un verre à Cladie, qui refusa en disant qu'elle n'avait pas soif. Nous répétâmes, en rentrant, les propos que nous avions entendus, l'oncle Marcilly était furieux. Mais, malgré ces divisions d'opinion et quelques prises à leur occasion, l'amitié fraternelle entre mon père et mes oncles ne fut jamais éteinte ; ils s'aimaient assez pour se disputer sans animosité.

Pour nous, jeunes filles, tout en détestant l'invasion et pleurant les défaites, nous avions beaucoup de sympathie pour les épreuves de la famille royale. Nous venions de lire le livre de l'abbé Proyard sur Louis XVI, et la vue de la duchesse d'Angoulême, lors de sa visite à Lyon (6 avril 1814), nous avait fort attendries. Naturellement, nous prîmes part aux fêtes qui furent données à cette occasion. Ma grand'mère tint à ce que nous fussions bien parées. Elle nous fit faire, à Cladie et à moi, des robes de taffetas blanc ; nous avions dans les cheveux de jolies branches de fleurs de lys. Cladie n'avait guère plus de quatorze ans, et déjà se présentait avec sa belle taille majestueuse, me dépassant de toute la tête.

Nous étions dans le groupe de jeunes filles qui furent présentées à Madame et nous allâmes à sa suite, sur la terrasse de l'archevêché, voir le feu d'artifice sur la Saône, qui fut fort beau. Au moment où elle mit le feu à la mèche qui allumait les pièces d'artifice, une étincelle tomba sur la robe de Cladie. *Mademoiselle, vous brûlez !* dit la princesse. Aussitôt : *Qu'a-t-elle dit ? qu'a-t-elle dit ?* nous arriva du bout de la terrasse. Elle a dit : *Mademoiselle,*

vous brûlez! dit Cladie. Et voilà *mademoiselle, vous brûlez! mademoiselle, vous brûlez!* qui retourne de bouche en bouche jusqu'au plus loin sur la terrasse. La réponse que de là-bas on souffla : *d'amour pour vous, Madame!* nous revint par le même chemin et autant de bouches, en moins de temps que je n'en mets pour l'écrire. Tout était monté à l'émotion. Ma cousine, Agarite de Varax, qui avait été choisie pour offrir un compliment à Madame, s'en était acquittée d'une voix si tremblante que la princesse dut en être touchée.

Le lendemain, il y eut à l'archevêché un dîner, où furent admises les principales autorités de la ville. Quelques personnes privilégiées purent entrer dans la salle et circuler autour de la table. Madame y était déjà lorsqu'arriva Mme de Bondy, la femme du préfet. Elle hésitait à entrer et s'était arrêtée à la porte de la salle. La princesse, voyant son embarras, lui dit : *Entrez, Madame, j'ai fait avancer l'heure.* Son intention était parfaitement bienveillante, mais le son de sa voix, qu'elle avait naturellement rude, en excluait la grâce. Mme de Bondy vint s'asseoir à la place qui avait été marquée pour elle. Le maréchal Augereau était à la droite de Madame. Nous fûmes bien choquées par son manque de façons. A un moment du dîner, il allongea le bras pour prendre une tranche de melon, sur la table, de l'autre côté de la princesse. Il avait la mine d'un grand et beau soldat et il en avait conservé les manières.

Monsieur, comte d'Artois, visita Lyon à son tour. La ville lui donna une fête au palais Saint-Pierre. A cette occasion, la perplexité de la bonne tante de Guichard divertit bien notre oncle de Marcilly. Elle mourait d'envie de voir de près son cher prince et avait autant de scrupule d'assister à un bal. Le palais Saint-Pierre avait été un couvent; la ville l'avait repris et consacré à une école de peinture, musée, salles académiques, etc. On dansait dans la cour, entourée de l'ancien cloître, qui formait, au premier étage, une galerie d'où, par parenthèse, elle put voir parfaitement les danseurs et guère le comte d'Artois.

Il est hors de doute que, si Napoléon ne fut pas revenu de l'île d'Elbe, la division des partis se fut apaisée. Mais il revint en 1815.

Nous étions alors à Lyon et fûmes témoins de l'enthousiasme du peuple et de celui des troupes (10 mars 1815). Les soldats qui devaient garder l'entrée de la ville, par le pont de la Guillotière, se joignirent à l'avant-garde impériale pour enlever les obstacles destinés à fermer la route du Dauphiné qu'ils étaient chargés de défendre. Ceux qui stationnaient sur la place de Bellecour jetèrent leurs cocardes blanches en l'air : elles nous parurent de loin voler comme une parure de neige; tous avaient conservé, sous la cocarde blanche, la cocarde tricolore.

A ce moment, nous vîmes passer sous nos fenêtres (nous logions à côté de l'hôtel de l'état-major) le maréchal Mac-Donald et M. de Damas, gouverneur de la division. Ils couraient avec une petite escorte rejoindre le comte d'Artois pour l'engager à quitter la ville avec eux. Tout à coup, nous voyons paraître, du côté de la Guillotière, un autre détachement de cavalerie plus nombreux, qui galope dans la même direction que le maréchal. Nous avons su, plus tard, que ces cavaliers voulaient atteindre le prince et le faire prisonnier. Mais sa petite escorte, au moment d'être rejointe, se retourna en criant : *Vive l'Empereur! nous sommes avec vous! Mais vous ne toucherez pas à ceux qui se sont confiés à nous*. Le prince et sa suite purent continuer leur retraite sans accident.

Nous avions rencontré, le matin, ce pauvre prince sur le pont de Tilsitt, comme il allait passer la revue de ces troupes si peu sûres. Nous montions à Fourvières avec les d'Arzac et agitâmes nos mouchoirs au passage du prince, ce qui nous valut un beau salut. Mais il avait l'air fort abattu, laissait tomber les guides. C'était bien triste et nous en fûmes très attendries.

L'empereur entrait à Lyon, le même soir (10 mars 1815), presque incognito. Il coucha à l'archevêché dans l'appartement que Monsieur occupait quelques heures avant. Il y eut revue le lendemain sous nos yeux, sur la place de Bellecour. Je l'ai vu parfaitement ce jour-là. Il était descendu à l'archevêché et vint à pied; resta à pied toute la revue et s'en retourna de même. Je ne connaissais pas encore la fameuse redingote grise, et lorsque je l'en vis recouvrir son uniforme au moment d'une petite ondée, je me figurai qu'il venait de prendre la capote d'un soldat pour plaire à l'armée. Il s'occupa, dès ce jour, d'organiser sans délai derrière lui; nomma préfet, gouverneur, etc., et sur un rapport qu'on lui fit sur la résistance de Lyon de l'année précédente, il fit chercher mon père par deux fois; mais on ne le trouva chez lui ni la première fois ni la seconde. Ainsi par une singularité bizarre, tous deux se souvenant l'un de l'autre, ayant conservé une certaine sympathie, il ne leur fut pas donné de se rencontrer, en deux occasions comme préparées. Mon père avait, certes, été froissé par bien des petitesses, suites de dénonciations, dans les quelques mois qui venaient de se passer, mais il n'était pas pour cela devenu courtisan de l'Empire. Il s'était battu pour défendre le sol français; il n'était pas un homme politique comme plus tard il le devint, porté par les circonstances. En ce moment, il semblait que rien dans l'avenir dût l'arracher à la vie de famille.

Dans l'intervalle des Cent jours, M. Roederer fut envoyé avec des pouvoirs extraordinaires sur les départements du midi; il s'arrêta quelques semaines à Lyon. Il était accompagné de son fils, le colonel Roederer, qui rentré depuis peu de Russie, après deux ans de captivité, et n'ayant aucune envie de reprendre du service, suivait son père en amateur. Mes parents les eurent à dîner, tous deux nous parurent et étaient fort aimables. La bonne impression fut réciproque, puisque, six ans plus tard, mon mariage fut la suite de ces passagères relations.

M. Roederer fit appel au patriotisme de mon père, qui accepta le commandement de la garde nationale lyonnaise; c'était un corps de 14 mille hommes fournis par la ville, qui, réunis à la garde mobile, formaient un ensemble de 25,000 hommes. Mon père mit la plus grande activité à l'organiser. On manquait d'armes, il fit le voyage de Paris pour en obtenir. Pendant son séjour dans cette ville, il revit M. Roederer, fut invité chez lui plusieurs fois et reçut de lui un précieux concours.

A son retour à Lyon, mon père trouva l'armement des gardes nationaux et des volontaires fort avancé; la ville en état de siège. Le général Grouchy y commandait, ayant été placé à la tête d'un corps d'armée dans le midi. Il eut alors le malheur qu'un détachement de ses troupes fit prisonnier le duc d'Angoulême, sous sauf conduit toutefois, au pont Saint-Esprit (8 avril 1815). Se trouvant fort embarrassé, il consulta mon père qui lui conseilla vivement de laisser partir le prince. Un ordre secret, envoyé de Paris par le télégraphe, mit sur ces entrefaites son esprit à l'aise et fut un argument sans réplique au conseil qu'avait donné mon père. Grouchy n'avait qu'un désir, rendre à l'auguste captif sa liberté.

Les événements se précipitaient; on avait comme la fièvre; survint le désastre de Waterloo (18 juin 1815); une seconde invasion devenait menaçante, la ville se préparait à se défendre. Mon père voulut nous éloigner, il nous confia à notre bon oncle de Marcilly qui nous mena d'abord à Chevey, à côté de Roanne, auprès de M. et Mme de Chaponay, excellents amis de mon père et de ma mère; ils avaient quatre enfants; Hilaire, l'aîné, était à peu près de mon âge. M. de Chaponay avait été lié dès sa jeunesse avec mon père; Mme de Chaponay, — Mlle de Gresolle, — avait été compagne de maman à la Visitation, et c'étaient nos parents qui avaient fait leur mariage. Chervey appartenait à M. de Gresolle, qui avait été député à l'assemblée constituante en 1789. Ce qui me frappa dans ce beau vieillard, ce fut son union avec sa bonne vieille; ils ne se quittaient pas un instant, occupés mutuellement d'attentions affectueuses qui étaient touchantes. Le bon oncle était incertain sur la direction à donner à notre retraite. M. de Chaponay lui conseilla Néris, station d'eaux minérales alors peu connue. Après quelques jours passés dans cette hospitalière maison, nous continuâmes notre *pérégrinage* de pataches en pataches, seuls véhicules à trouver dans ce moment et dans ce pays. C'est une espèce de voiture couverte, à peine suspendue, où l'on grimpe peu facilement par devant et par derrière pour s'asseoir dos à dos sur une manière de banquette, double d'un siège ordinaire, qui remplit le milieu de la patache, précisément sur l'essieu.

Nous avions, un peu avant la Palisse, prit un patachon, qui proposa à mon oncle d'abréger beaucoup le chemin en prenant une traverse; il se faisait fort de nous mener coucher à Néris. Cette petite aventure nous tenta. Quittant la grand'route, nous parcourûmes un pays solitaire et passâmes l'Allier à gué. Le repas de midi fut pris dans une petite hôtellerie bien champêtre; les cochons tiennent en Bourbonnais la place des chiens ailleurs; ils rôdaient autour de la table. Les femmes avaient de petits chapeaux retroussés sur le front et sur la nuque, juste pour ne garantir ni du froid ni du soleil; tout nous paraissait nouveau et amusant. Cependant nous étions loin du but et vers cinq heures arrivions seulement à Saint-Pourçain. Il fut question d'y coucher, car le cheval en avait assez. Mais nous tombions sur un corps de cette armée renvoyée sur la Loire après nos défaites; cavaliers, fantassins, mécontents, fatigués, à peu près débandés. L'auberge et la ville s'en trouvaient remplies; à peine eûmes-nous une chambre et un dîner. Le cher oncle était aux champs et, ne voulant pas prolonger notre séjour, trouva moyen de continuer le voyage malgré les difficultés. Le patachon changea de cheval; nous traversâmes la belle Limagne, l'admirant de mauvaise grâce, et arrivâmes à Néris à l'entrée de la nuit.

L'hôtel, indiqué par les Chaponay, était un peu écarté, mais paisible et propre; nous n'y trouvâmes qu'un ménage, arrivé avant nous. C'était un monsieur d'un âge moyen, qui avait fait toutes les campagnes de l'Empire et n'avait pas voulu commencer celle-ci. Sa femme l'avait accompagné; elle avait quelques années de plus que nous. Les apparences étaient excellentes, mais le cher oncle avait besoin de plus d'étude pour être en sécurité. Les premiers jours furent pénibles; il était comme une poule qui a couvé des canards.

Heureusement, M. et Mme d'Assignies étaient tout ce que leur abord promettait : gens de la meilleure compagnie; mon oncle trouva ressources pour lui et sécurité pour nous. Il put se reposer et nous, faire de charmantes courses.

Ma sœur et moi, en repassant ensemble sur cet épisode de notre jeunesse, nous sommes trouvées attendries au souvenir du dévouement, des soins et des fatigues de ce bon oncle. Nous ne les sentions pas alors autant qu'il le méritait, quoique nous l'aimions bien. Notre inexpérience nous cachait les dangers qu'il voyait. Nous ne voyions que son agitation, elle nous paraissait exagérée; plus tard, seulement, nous avons senti tout ce que nous lui devions de tendre reconnaissance.

Les armées étrangères entrèrent triomphantes à Paris (10 août 1815) et, de là, se répandirent sur toute la France. Les Bavarois et les Autrichiens occupèrent Lyon. Mon père fut chargé de régler les conditions de la capitulation de la ville, avec une députation du corps municipal.

Il rencontra, près de Mâcon, le général Bubna, qui commandait les troupes autrichiennes en marche sur Lyon. Corcelle se trouve à peu de distance sur la route; mon oncle François s'était hâté d'arborer le drapeau blanc sur les vieilles tours. Les paysans du Beaujolais le firent remarquer à mon père, qui s'efforça de calmer leur irritation et hâta sa rencontre avec le comte de Bubna. La capitulation était malheureusement des plus simples : aucune force sérieuse ne pouvait être opposée.

Le comte de Bubna était aimable, il avait l'esprit fort ouvert et désira connaître l'opinion du négociateur, qui ne put s'empêcher de lui exprimer le très vif désir que la guerre se terminât par l'abdication de l'Empereur et l'avènement du Roi de Rome, avec un conseil de régence. Le comte de Bubna était justement dans le même sentiment. Cette conformité de vœux, que l'avenir justifia si peu, amena de la part du comte, au moment où ils se quittèrent, cette ouverture affectueuse : « *Où irez-vous, M. de Corcelle? Je crains bien que vous ne soyez exposé à la haine du parti qui ne pense pas comme vous.* — Je crois, répondit mon père, que j'irai à Paris pour y vivre paisible et occupé de l'éducation de mon fils. — Permettez-moi, Monsieur, pour plus de sûreté, de vous donner une lettre de recommandation pour le Feld-Maréchal prince de Schwartzemberg, il commande notre armée; il vous accueillera parfaitement, car lui aussi il désire ce que nous voudrions. » La lettre fut faite et mon père la mit dans sa poche, où il la laissa sans la décacheter, car il y attachait peu d'importance. Cette lettre, plus tard, devint pour lui un grand danger.

Après un court séjour à Néris, notre oncle nous ramena près de nos parents à Lyon; la ville était rentrée dans son état normal; plus d'étrangers, les autorités royales rétablies. Mon père avait jugé que dans ces premiers moments si troublés par la division des partis, il éviterait beaucoup d'ennuis et trouverait plus de repos en s'éloignant. Il était allé à Paris voir mon frère, cherchant à paraître le moins possible.

Les animosités politiques qu'il fuyait l'allèrent chercher; il fut arrêté et mis à la Conciergerie. A cette nouvelle, ma pauvre mère, déjà très éprouvée, sous l'influence de la mauvaise saison qui commençait, n'hésita pas à partir avec moi. Elle fut obligée de se reposer une nuit à mi-chemin, mais elle eut la force de poursuivre ; et, une fois à Paris, l'air moins vif, la nécessité d'agir et les grâces qui suivent l'accomplissement du devoir la soutinrent en santé. Tous les jours à la prison aux heures permises ; ce qui lui restait de temps, elle le passait à solliciter. M. de Mondragon (1), son proche parent, maître d'hôtel du Roi, seconda ses démarcches, et Mme de Fontanes (2) également, qui se souvint en cette occasion du couvent de la Visitation et de l'amitié qui l'avait liée à ma mère. Mon père, dans sa prison, se souvenait avec inquiétude de la lettre du comte Bubna, qui avait été saisie parmi ses papiers. Il lui vint tout à coup à l'esprit qu'elle pourrait bien contenir quelques mots d'allusion à la conversation chimérique que le Prince et lui avaient eue ensemble au moment de la capitulation de Lyon. Cette préoccupation lui revenait souvent. Un soir qu'il était interrogé par le juge d'instruction dans une petite salle, il aperçut sur une table son volumineux dossier. L'interrogatoire fut tout à coup interrompu par une grande rumeur. Le juge d'instruction, effaré, venait d'apprendre que M. de

(1) Le marquis de Mondragon et Mme de Corcelle étaient cousins issus de germains.

(2) Mlle de Cathelin, compagne d'Hélène de Varax à la Visitation, avait été mariée à M. de Fontanes, qui devint sous le premier empire grand maître de l'Université, sénateur, etc., etc.

la Vallette, en prison, tout près de là, à la Conciergerie, et à la veille de son exécution, venait de s'échapper en costume de femme. (Nuit du 21 décembre 1815.) On allait et venait avec beaucoup de bruit; mon père profita de ce moment de désordre pour renverser son dossier, saisir parmi les papiers épars la lette du comte Bubna, qu'il cacha sous ses vêtements.

Rentré dans sa cellule de la salle Saint-Martin, où il avait fait connaissance avec un de ses compagnons sachant très bien l'allemand, mon père eut la curiosité, bien naturelle, de décacheter et de lire la redoutable lettre avant de la détruire. Elle contenait ce qui pouvait le plus compromettre : *Je recommande à votre Altesse un galant homme qui s'est occupé avec moi, comme colonel de la Garde nationale de Lyon, de la capitulation de la ville. Il a les meilleures opinions du monde, fait des vœux pour le règne du roi de Rome. Si on l'inquiétait, je le recommande à toute votre protection.*

Après l'enlèvement très habile de la pièce qui figurait dans son dossier, la première émotion passée, mon père eut quelques moments d'entretien plutôt que d'interrogatoire avec son juge d'instruction, qui avait commencé par le dépouillement d'une cassette contenant tous nos papiers de famille. Elle était là, à coté des pièces politiques; et le juge s'exclamait sur la beauté des titres de mon père, si peu d'accord avec sa situation présente. La cassette contenait deux brevets de gentilhomme de la chambre du Roy, signés par Henry IV et par Louis XIII; un assez grand nombre de lettres autographes du duc de Mayenne à notre huitième aïeul, Lazare, grand ligueur de la Haute-Bourgogne, qui avait pris une part active aux principaux engagements des guerres religieuses du XVIe siècle, notamment au siège de Paris. Enfin, tous les états de service, on ne peut plus royalistes, de la vieille famille de Corcelle étaient là. — *Mais, Monsieur,* lui disait le juge, *vous devriez être aux Tuileries et non pas en prison!*

Nous passâmes six semaines dans l'attente, après lesquelles mon père reçut son élargissement, sans qu'on lui donna les motifs de son arrestation. Jamais il ne sut pourquoi il avait été arrêté (1).

On l'avait interrogé plusieurs fois. Ses papiers choisis, épluchés, lui furent rendus; tout cela sans éclaircissement. Ce qui est certain, c'est qu'on recula devant ce qu'aurait eu d'odieux un acte d'accusation fondé sur cet unique motif, qu'il avait mis son cœur à défendre le sol français contre l'étranger.

En ce moment, la Restauration avait à se défendre d'amis et d'ennemis également dangereux et entê-

---

(1) Voir *Lettres et notes*, p. 219, note 1.

tés. Il y eut une foule d'innocents arrêtés par suite d'imbéciles dénonciations, de rancunes privées ou de précautions maladroites. C'était une réaction contre l'Empire avec toutes ses suites inévitables.

Le jour où mon père reçut l'ordre de sa mise en liberté, il fallait encore une signature du ministre, et la journée était avancée quand ma mère l'apprit à sa visite quotidienne. Elle me laissa à la Conciergerie et courut au ministère, rapportant à la dernière limite du temps cette précieuse signature. Nous eûmes le bonheur de nous en aller tous trois ensemble.

Nous avions retrouvé à Paris le colonel Mylius qui était alors en demi-solde. Quoiqu'il fut bien circonspect et eut grand peur de se compromettre, maman reçut de lui des témoignages d'une affection si vraie qu'en partant, elle lui donna une mission d'ami et le pria de veiller sur mon frère et de le visiter au collège, ce qu'il fit plusieurs annéess avec beaucoup de dévouement et de soins. Ces souvenirs ont accompagné nos relations jusqu'à la fin de sa longue vie.

Mon père était libre ; cependant il lui était interdit de rester à Lyon ou à Paris. On lui donnait le choix, en France, de la Bretagne ou du Midi. Il préféra la Belgique et obtint aussitôt un passeport.

A peine venait-il de partir, comme maman se disposait à revenir près de mes sœurs avec moi, je tombai dangereusement malade. La fièvre se déclara dès le premier relai du voyage [1]. Il ne fallait pas songer à s'arrêter en chemin ; le pire eût été pour moi d'être soignée à l'hôtel par un médecin qu'on n'eût pas connu. Je n'ai pas la moindre idée du voyage que je fis. Je sais seulement qu'à Saulieu, maman fit arrêter la chaise de poste et qu'un aubergiste lui donna un oreiller pour moi.

Au relai d'Autun, nous rencontrâmes M. de Rambuteau que l'on venait d'arrêter par ce seul motif qu'il avait été chambellan de l'empereur. Ma pauvre maman eut cette fatigue de plus de voyager par le froid, la neige et avec une fille mourante, car c'est ainsi que j'arrivai à Lyon. Le danger fut conjuré ; il n'y parut plus, sauf que j'avais perdu tous mes cheveux. Le plus heureux fut que tant d'épreuves n'épuisèrent point la faible santé de ma mère. La providence lui avait donné des forces ; elle continua de la soutenir.

Ma maladie, l'absence de mon père et tant de préoccupations tinrent ma mère toute recueillie dans son intérieur. Nous ne sortîmes le soir que pour aller dans l'intimité chez Mme de Pusignan, cousine germaine de maman par son mari, qui était fils d'une sœur très aînée de mon

---

(1) C'était une sorte de typhus. On a toujours pensé que ma mère en avait contracté le germe en visitant son père en prison. *(Note de Mme de Barberey.)*

grand-père de Varax. Le matin nous ne voyons guère que nos bonnes amies Mlles d'Arzac. Leur père, ancien officier, chevalier de Saint-Louis, ultra, au superlatif, et Mme d'Arzac, non moins prononcée que lui, n'étaient pas d'accord d'opinions avec mon père ; mais cela n'altéra pas leurs sentiments, et l'épreuve de ce temps-là consolida l'amitié qui nous unissait à nos amies. Depuis cinquante ans, nous leurs sommes restées unies de cette amitié rare ; mais, maintenant, deux d'entr'elles nous manquent (1).

Mon père avait passé l'hiver à Gand (1816). Au printemps, nous devions le rejoindre. Nous partîmes, en effet, maman, mes sœurs et moi. Arrivées à Paris, maman y prit quelques dispositions pour Suzanne qui était en âge de se préparer à sa première communion. Agarite, la seconde des filles de Mme Dareste, se préparait à la sienne dans une excellente maison où l'avaient mise ses parents. C'était à Meaux ; maman y fut avec nous. Ce qu'elle y vit l'ayant pleinement satisfaite, elle y laissa Suzanne, après que Mme Dareste eut promis de veiller sur elle et de la faire soigner comme sa propre enfant.

A Gand, nous retrouvâmes mon père et les

(1) Clémentine, Louisa et Félicie d'Arzac sont mortes sans avoir été mariées. Célestine épousa M. d'Hauteroche. Elle laissa quatre fils et trois filles : les deux aînées religieuses ; la plus jeune, mariée au comte Eblé.

occupations naturelles au perfectionnement de nos éducations. Cladie eut un maître de musique. Je reçus des leçons de dessin d'un mauvais peintre qui dessinait bien et avait adopté un genre mitoyen entre la vraie couleur et l'image noire.

Mon portrait et celui de Cladie sortent de cette école; finis à la loupe, les poils d'une fourrure étudiés à les compter. Ce ne sont cependant que des ouvrages bâtards : temps perdu. Si vous êtes étonnées, chères filles, du goût qui a présidé à ma coiffure dans ce portrait, vous saurez que je n'avais pas le choix. Mes cheveux commençaient seulement à repousser; mes prétentieuses boucles avaient succédé à ce duvet de nouveau-né qui amusait tant mes sœurs et mes amies l'année précédente.

Francisque vint nous rejoindre aux vacances. Mon père nous mena tous trois voir la mer à Ostende et nous fit visiter Anvers, Bruges, Bruxelles. Nous reprîmes ensuite la vie habituelle, ayant des maîtres et travaillant, Cladie, la musique; moi, le dessin. Maman retourna en France avec Cladie vers l'automne, me laissant Claudine, sa fidèle femme de chambre. Mon père fut alors s'établir à Bruxelles qui offrait plus de distractions et de ressources à ses occupations particulières; il était alors occupé à des recherches mécaniques qui le passionnaient.

Je commençai la peinture à l'huile par le portrait d'une bûche. La couleur ne me déroutait pas; je l'aimais, et bientôt entrepris un visage d'après nature. Quand on commence le métier de peintre, on prend sa propre figure comme le modèle le plus complaisant, toujours prêt. Je m'étais exercée à Gand à retracer mon visage au pastel; maintenant c'était de la vraie peinture.

Je peignais quelquefois cinq ou six heures de suite. Mon père m'y encourageait, il prenait à mon ouvrage plus d'intérêt que moi-même, et le voyait avec les yeux du bon hibou de la fable, c'est-à-dire rempli d'illusion paternelle. Je le quittais difficilement et lui s'y oubliait autant que moi.

Les nouvelles de maman étaient bonnes; nous étions tranquilles de ce côté; cependant elle était inquiète de sa belle-sœur; et, en effet, ma tante de Varax (1) succomba à une longue maladie, laissant six jeunes enfants. En même temps, ma tante de Corcelle (2) mourut en couches et son enfant avec elle. Nous fûmes vivement affectés de ces affligeantes nouvelles, partageant sincèrement de si complets malheurs.

Nous vivions presque seuls; cependant mon père me fit faire connaissance avec quelques familles choisies; entr'autres les du Monceau (3),

(1) Marie-Adelaïde de Mururd de Saint-Romand.

(2) Emilie de Férus de Vendranges, Mme François de Corcelle.

(3) Le général comte du Monceau était alors ministre de la Guerre.

chez qui je trouvais des jeunes filles bien élevées.

Le coup le plus imprévu vint déranger notre existence si obscure et inoffensive; l'ordre fut donné d'expulser de Belgique les réfugiés français [1]. C'est incompréhensible que mon père ait été compris dans cette catégorie ; la seule explication qu'on puisse trouver est qu'il avait été calomnié par quelqu'ennemi inconnu dont il n'a jamais eu soupçon. Aucune de ses réclamations n'ayant été écoutée, il dut choisir un lieu d'asile. Il avait rencontré souvent, chez son mécanicien, l'ambassadeur de Suède qui s'occupait des mêmes recherches que lui et qui lui vantait son pays. On lui conseillait d'aller en Allemagne, il préféra la Suède.

Il fallait partir au plus vite avant que la Baltique ne fut fermée. Sa plus douloureuse préoccupation était de me laisser seule et isolée. Mme Merlin, femme du général Eugène Merlin, que nous connaissions bien peu encore, mais qui me voyait à l'église et s'était déjà intéressée à cette position d'une jeune fille séparée de sa mère, vint offrir à mon père de me recueillir chez elle jusqu'au moment où maman pourrait me reprendre. Ce fut un grand soulagement pour ce pauvre père, et je suis restée plus de deux mois dans

(1) Voir *Lettres et notes*, p. 220, note 2.

l'intérieur de ce bon ménage pour lequel ma dette de reconnaissance a été bien douce à acquitter. Tous deux sont morts depuis longtemps et ne sont pas oubliés.

A la nouvelle de l'exil qui frappait mon père, ma mère n'avait pas hésité à partir pour Paris. Elle ne doutait pas d'obtenir par ses promptes démarches le retrait de l'injuste mesure dont il était victime. Son voyage avait encore un autre objet; elle comptait le poursuivre jusqu'à Bruxelles dont elle me ramènerait ([1]).

Mon père parti, je demeurai sans nouvelles de lui pendant plus d'un mois ([2]). Il s'était embarqué le 4 septembre et fut emporté par la tempête fort haut sur les côtes de la Norwège, après avoir été balloté en mer pendant quinze jours. Septembre touchait à sa fin, quand il arriva à Gothesbourg ([3]).

Il y avait dans le port de Gothesbourg un amiral turc avec deux ou trois vaisseaux en quartier d'hiver. Apitoyé sur l'exil de mon père, il lui disait : Venez avec moi, quand je m'en retournerai au printemps; vous serez parfaitement libre à Constantinople. Moi je puis avoir le cou tordu, mais les étrangers ne risquent rien.

L'autorisation attendue étant arrivée de Stock-

(1) Voir *Lettres et notes*, p. 221, note 3.
(2) Voir *Lettres et notes*, p. 221, note 4.
(3) Voir *Lettres et notes*, p. 222, note 5.

holm, mon père se hâta de partir. Son voyage s'exécuta dans les conditions les plus pittoresques. Il avait loué une voiture et prit la poste. La route suivait tout droit à travers des forêts interminables; on ne rencontrait aucune habitation, pas même aux relais, qui consistaient en une cabane inhabitée où se trouvaient les chevaux commandés d'avance, et qui attendaient le voyageur annoncé. Dans cette cabane, il y avait un pain de farine de bouleau et une hache pour briser ce pain, attachée auprès, en vue de secourir la détresse de quelque malheureux voyageur égaré.

Mon père, bien reçu à Stockholm, y passa un hiver dont il avait conservé un souvenir agréable. Il ne souffrit pas du froid. On lui dit que la première année les étrangers sont moins sensibles à sa rigueur, mais il n'avait pas l'envie de constater l'expérience et ne pensait qu'au moment où il pourrait revenir près de nous.

Le roi Bernadotte voulut le voir et s'attacha à se justifier des dissentiments qui l'avaient séparé de la France et dont il imputait toute la faute à l'empereur Napoléon. Mon père nous racontait l'extrême vivacité de l'entretien du Roi avec lui, le méridional s'était conservé sous ce ciel glacé avec toute son effervescence; un peu de remords sur l'origine de sa fortune toute française s'y mêlait. Il se promenait à grands pas dans une des salles de son palais, en racontant à mon père ses regrets et ses griefs ; et après cet épanchement, il l'assura de toute sa bienveillance.

Un aide de camp du Roi, le général Kemps, témoigna à mon père la plus obligeante amitié ; il aimait la France et s'attachait à la faire oublier à son nouvel ami, qu'il fit inviter à de très belles chasses à l'élan.

Enfin, ma mère arriva. Je la revis ! Elle me retrouvait seule. Combien d'êtres chéris manquaient à notre bonheur. Son séjour à Bruxelles ne fut que le repos de quelques journées. Comme elle s'en retournait à Lyon avec moi, elle reprit Suzanne, à son passage à Paris, qu'allaient quitter ses excellents amis les Dareste. Leur départ fut un motif de plus pour décider cette mesure qui ramena notre jeune sœur d'une manière définitive au milieu de la famille.

Ma mère et sa fidèle compagne de la Visitation semblaient destinées à ne plus se quitter. M. Dareste venait d'être nommé, à Lyon, directeur de la manufacture des tabacs, dont son père avait eu la ferme avant la Révolution. C'était un homme parfait : d'un abord grave, même froid, mais si sage, si affectueux, malgré cette réserve, qu'il était adoré.

Mme Dareste était une petite femme, vive, nerveuse, remplie de mérites et d'esprit. Cet intérieur était le plus respectable, le plus uni qu'on pût voir. Leur position à Lyon était excellente, au milieu d'une nombreuse parenté, appartenant à ce qu'il y avait de mieux dans le pays. M. Dareste était le plus jeune de dix-huit frères et sœurs, qui tous s'étaient trouvés vivants au moment de son mariage.

Claire, Agarite, Camille Dareste [1] étaient à peu près du même âge que mes sœurs et moi : tout nous rapprochait : l'ancienne amitié de nos mères et la sympathie de nos âges. Aussi étions-nous dans une grande intimité. Chez elles, nous fîmes connaissance avec Mlles de Lamartine, leurs parentes. Césarine était d'une remarquable beauté; Suzanne, très belle aussi. Elles devinrent, l'une Mme de Vignet, l'autre Mme de Montherot. Toutes deux sont mortes jeunes. Leurs parents habitaient Mâcon. On savait vaguement que leur frère Alphonse écrivait des vers; cette célébrité ne s'était pas encore révélée.

A la fin du printemps, mon père quitta la Suède avec l'espérance de pouvoir rentrer en France. Avant de goûter la joie de se réunir à nous, mon père devait passer par la Belgique où il avait des intérêts pressants à régler. La légation, au lieu de légaliser son passeport, lui renouvela l'ordre d'expulsion et la défense de rentrer en France. Heureusement, un ami l'aida à braver cette défense

---

(1) Elles furent mariées plus tard : Claire à son cousin germain, M. Rodolphe Dareste de la Chavanne ; Agarite à M. Carpentier; Camille à M. de Neufforge.

injuste, et, l'emmenant avec lui dans sa voiture, connue aux frontières, il le rendit à Lille. Là, mon père se présenta immédiatement au préfet : celui-ci écrivit à Paris ; la réponse qu'il reçut exprimait l'étonnement du ministre, son mécontentement et l'assurance pour mon père d'être entièrement dans le droit commun. En conséquence, il put revenir à Lyon et nous rejoindre à Marcilly où nous l'attendions avec la joie que vous devez penser.

Je n'essaierai pas de peindre quel fut notre bonheur à tous, lorsque la vie en famille nous fut rendue, après de si tristes vicissitudes. Lorsque notre cher Francisque put se réunir à nous, au temps des vacances, ce fut pour les quatre frère et sœurs comme si nous étions revenus aux jours sans nuages de notre enfance. Les séparations recommencèrent quand mon père ramena Francisque à Paris pour l'y remettre en éducation. Nous pensions le revoir sous peu; mais son absence loin de nous fut de plus longue durée qu'il ne l'avait prévu.

Maman passa l'hiver à Lyon avec nous et commença de nous mener un peu dans le monde. Nos amies, Mlles d'Arzac et Dareste, étant aussi sorties de l'éducation, nos mères organisèrent des soirées de jeunes filles, très agréables, simples et gaies. On ne l'est plus autant à présent et l'on y perd.

Mme de Vilieu aussi nous fit sauter chez elle. Son

mari était notre parent et, de son vivant, fort lié avec mes oncles. Sa fille Azélie l'était avec nous. Elle est devenue Mme de Fleurieu. Cette douce et bonne cousine a eu un grand nombre d'enfants. Un de ses fils a épousé Viva de la Roche-Nully, fille de notre cher cousin Isidore.

Nos soirées ordinaires appartenaient toujours à Mme de Pusignan ; elle nous aimait beaucoup, et aussi mon père, quoique ses opinions lui arrachassent des soupirs. Les allant et venant animaient ses soirées. Comme elle ne passait pas le seuil de sa porte dès que le soleil était couché, on était sûr de la trouver le soir ainsi qu'une table de Boston et bonne mine d'hôte. Un jour par semaine, elle recevait en grand tralala, mais ce n'était pas nos jours.

Mme de Lezay, la femme du préfet, venait aux grandes soirées ; son mari avait reçu l'ordre de réunir tous les partis. Une fois elle vint en visite un jour ordinaire et saisi l'à-propos pour inviter ma mère et nous à un bal. Ce fut le premier auquel nous ayons pris part ; il était fort beau.

Chères filles, vous voulez ici des détails auxquels je ne pensais pas, et je dois vous avouer un premier sentiment d'embarras à satisfaire votre tendre désir ; enfin, éprouvant toute la répugnance possible à poser personnellement dans mes souvenirs.

Mais la chère Hélène me dit : Craignez-vous la

vanité et la fausse modestie, parlez de vous comme d'une autre! Régine me reproche de passer une occasion de montrer notre éducation. Inspirée par vos deux idées, chères filles, je vous dirai donc naïvement que nous étions trois jolies jeunes filles. Cladie, franchement belle par sa grande taille faite au moule, son teint, d'une blancheur et d'une fraîcheur sans égales; des cheveux charmants; les plus belles mains, elle faisait de l'effet sans le vouloir. Mes traits étaient bien et j'avais aussi de la fraîcheur, mais pas comme elle; j'étais de taille moyenne et rien qui attirât l'attention. Suzanne, celle de nous trois qui ressemblait le plus à maman, avec des traits moins réguliers, mais de si beaux cheveux blonds, sa taille souple, élancée, ses beaux yeux si expressifs, était toute agréable. Aussi, quand la bonne cousine de Pusignan nous disait : *Bonjour, mes trois grâces,* je ne veux pas répondre que nous la trouvions aveugle. Mais maman nous avait si bien inculqué la juste valeur de ces dons extérieurs, nous avions des idées si peu romanesques, que les compliments ne nous occupaient pas; nous les trouvions bêtes ou indiscrets.

Comme toutes les jeunes filles, nous aimions à être bien ajustées, nous suivions la mode de loin avec la modération de l'économie et du goût. Maman en avait; elle avait l'horreur des couleurs voyantes et discordantes. Nous étions d'ordinaire habillées de même toutes les trois et notre vanité de toilette était collective [1].

Avant d'aller plus loin, je veux vous faire connaître le milieu dans lequel nous vivions à Lyon, le cercle de famille et d'amis en relations avec nos parents.

Mme de Pusignan, née Chaponay, mérite le souvenir le plus complet. Elle n'avait jamais été belle, mais une taille et des mains remarquables, avec des yeux vifs, en avaient fait une personne qui pouvait facilement se trouver contente d'elle-même. Quand elle épousa M. de Pusignan, cousin germain de ma mère, celle-ci était toute petite. Elle se souvenait de l'entrée de cette cousine dans la famille comme d'un événement de son enfance. Mlle de Chaponay s'empara de ma mère, et, sous le prétexte gracieux d'amuser la petite fille, elle

(1) Le portrait de notre mère, obtenu par nos instances, ne pouvait être qu'incomplet ; ce que la modestie lui a fait taire nous est dépeint par sa sœur. J'écris sous la dictée de notre chère tante Cladie « Joséphine était un peu moins grande que ses deux sœurs, mais d'une régularité et d'une finesse de traits charmantes. La bonté, l'amabilité et la grâce rayonnaient sur sa physionomie et peignaient toute la beauté de son âme. Ses yeux étaient bleus, doux et caressants. Sa bouche fine et souriante ; le col attaché admirablement. Ses cheveux, d'un brun clair, soyeux, abondants, laissaient à découvert un front bien modelé, plein d'intelligence. Elle était fort blanche ; peut-être son teint manquait-il d'éclat. A la différence de Suzanne et de moi, elle était moins Varax que Corcelle. Elle eût été à dix-huit ans une beauté parfaite, sans un peu trop d'embonpoint pour son âge. » *(Note de Mme de Barberey.)*

l'emmena hors du salon et là lui demanda ce qu'on pensait de son mariage. — On dit que la dot est courte, mais quand on a su que la grand'mère donnait 20,000 écus, on a trouvé que c'était bien. Maman citait cet exemple du danger de parler devant les enfants qui entendent plus qu'on ne l'imagine.

La chère cousine, quand nous l'avons connue, était âgée déjà; invariablement habillée de soie grise ou marron, les cheveux poudrés, arrangés en boucles plates autour de son front, et par dessus un bonnet de gaze toujours frais. Dès l'été fini, elle ne sortait plus, sa porte était ouverte à toutes les visites; quand je dis toutes, je suis bien inexacte, car il n'était pas facile de franchir ce seuil; les noms, la naissance, les origines, les allures étaient épluchées auparavant. Aussi, l'entrée de son salon était un brevet de bonne société.

Les Pusignan avaient conservé de belles épaves de leur grande fortune; ils recevaient très honorablement : un dîner, une soirée par semaine. Il y avait ce jour-là des tables de jeu dans trois pièces; les autres jours une seule pièce était ouverte avec une seule table de boston; quelques dames habituées manquaient rarement. Nous avions notre ouvrage à côté et quelquefois nous prenions la place de quelque partenaire absente. Les visites qui survenaient n'interrompaient point d'ordinaire la partie.

Mme de Brosse (Mlle de Saint-Victor) était une femme charmante, avait épousé le cousin germain de mon père. Elle avait un fils et deux filles qui sont devenues, Thérèse, Mme de Mira, et Clémentine, Mme de Chagny. Nous avons été très liées avec elles pendant le temps qu'elles passaient à Lyon. Charles de Brosse épousa plus tard une de nos cousines de Chambost ; vous avez vu ses enfants à Paris.

M. et Mme de Musy [1], autres parents de mon père, venaient peu à Lyon, mais étaient attentifs à faire profiter de leurs passages. M. et Mme de Chênelette étaient permanents ; lui, parent de mon père ; elle, Mlle de Roman, cousine germaine de maman. Leur habitation de Grand-pré était près de Fleury, agréable voisinage dont on aimait à profiter. Leur fille se maria à M. de Saint-Didier, et leur fils devint l'un des cavaliers les plus assidus de nos petites soirées. M. de Chênelette était d'une laideur remarquable, mais son mérite et son esprit compensaient ce désavantage. Officier d'artillerie, il avait secondé M. de Précy pendant le siège héroïque que Lyon soutint pendant la Convention. Quand la ville eut été prise, désigné l'un des premiers à la vengeance des vainqueurs, il

---

(1) Le comte et la comtesse de Musy eurent un fils et trois filles, qui furent : la comtesse d'Antioche, la baronne de Bassignac et Mme de Pomey. Leur fils se maria avec Mlle de Costa de Beauregard.

parvint à leur échapper et trouva un abri en Suisse. Il disait plaisamment : Je ne sais comment j'ai pu me sauver sans être reconnu, laid comme je suis.

Nous avons encore bien connu un oncle de ma mère, le dernier frère de son père, M. de Lozanne, qui avait été chanoine régulier du chapitre de Saint-Antoine du Viennois. La Révolution l'ayant rendu à la vie séculière, il s'était fixé sur la montagne de Fourvières, près l'église de Saint-Just, où il disait sa messe. Il a vécu jusqu'à l'âge de quatre-vingt-seize ans, sans autre infirmité qu'un peu de surdité. Quand il n'entendait pas, il ne faisait pas répéter, mais répondait par un bon sourire qui laissait voir toutes ses dents blanches. M. et Mme de Pusignan l'aimaient beaucoup, il dînait souvent chez eux. Par quelque temps qu'il fît, il venait, tous les jours, faire à pied une promenade sur notre place, causait avec quelques habitués, puis remontait sur sa montagne ; et cela jusqu'à la veille de sa mort. Elle lui arriva comme un sommeil, sans maladie. Un jour, sa gouvernante, le voyant immobile dans son fauteuil, s'approcha pour lui demander s'il voulait son café. Elle s'aperçut qu'il était mort.

Ma mère avait du côté de son père un grand nombre de cousines, toutes plus âgées qu'elle, et leurs enfants, nos aînés de beaucoup. Elle voyait Mmes de Bectoz, de Révol, des Escures, de Bellesise, mais n'était liée d'une véritable amitié qu'avec Mme de Villette, sœur ou cousine des autres. Elle et Mme de Montessuy, aussi cousine germaine par la mère de maman, étaient ses tendres amies. Mme de Montessuy habitait, toute l'année, une charmante maison de campagne (la Rochette) sur les bords de la Saône, presqu'en face de l'île Barbe. Nous allions souvent chez elle ; son mari chantait en perfection et elle était musicienne consommée.

Ma grand'mère voyait beaucoup Mme de Sermesy, veuve d'un cousin germain du côté paternel. Elle s'était adonnée aux beaux-arts et sculptait avec talent. Son salon attirait les artistes célèbres, entr'autres M. Revoil, directeur de l'école de Lyon, bon peintre, un peu poète, ardent royaliste.

Nous retrouvions chez Mme de Sermesy, Mme de Montela, fille d'une Chabons, celle-ci Vidaud de la Tour, sœur de ma grand'mère de Varax, belle et aimable femme, et Mme de Vallier ; toutes deux habitaient le Dauphiné.

Notre parenté n'était pas aussi rapprochée avec Mme de Chambost ; elle remontait à M. de Rivérieulx son grand-père et aussi celui de maman. Il avait neuf enfants, deux fils et sept filles, dont deux jumelles, qui furent, plus tard, mariées le même jour. La maison était joyeuse ; je me souviens d'y avoir vu jouer la comédie de Polichinelle, dans laquelle un âne vivant figurait sur la scène. Nous avons retrouvé avec plaisir à Paris Mmes du Rosier et de Monlaville, filles cadettes de Mme de Chambost.

Au même degré de parenté, mais avec plus d'intimité, se place dans notre société Mme de Neyrieux, que nous appelions à volonté la bonne ou la folle cousine. Elle avait été au couvent avec ma mère, Mme de Fontanes, etc.; elle avait bien de l'esprit et surtout une bizarrerie qui avait gâté sa vie sans qu'elle en eut souffert. Mme de Fontanes l'aimait beaucoup, la recevait à Paris dans sa maison comme en faisant partie. Elle y restait jusqu'à ce que son instinct d'indépendance la ramenât à Lyon, où elle se donnait à nous, à ses amis, jusqu'à nouveau caprice. Elle était très aimée.

M. de la Ferrière, petit-fils de Mme de Rivérieulx, nous était cousin comme les Chambost; sa femme (Mlle de la Salle) était parente des Corcelle. Ils avaient eu sept garçons, et par deux fois deux jumeaux. Trois de ceux-ci étaient morts en bas âge. Depuis 1815, M. de la Ferrière était un peu à l'index de la société de Bellecour pour avoir été chambellan de l'Empereur, qui l'avait désigné lorsqu'il cherchait parmi les familles de province une grande fortune ou des noms à faire bonne figure près de lui. Henri de la Ferrière, l'aîné des fils de notre cousin, beau jeune homme de vingt-cinq ans, fut tué à la descente d'Oullins, d'une chute de voiture, le tonnerre étant tombé à la tête de son cheval qui s'emporta. Il allait, à ce moment, rejoindre sa mère à une fête. Elle était au bal, quand on arriva pour lui annoncer cet affreux malheur.

Je ne vous apprendrai rien, mes chères filles, en vous disant que M. Gabriel de Vidaud, cousin germain de ma mère, était un saint ; on a écrit sa vie [1], mais vous trouverez intéressant de savoir quelle impression nous avons reçue de la vue d'un saint. Dès le premier abord, on le jugeait tel : il avait un parler doux, une attitude si retenue, la tête un peu penchée, déjà ce n'était plus un homme ordinaire ; et ce qui complétait ce rayonnement de sainteté qu'on voyait en lui, était un doux sourire imprimé sur tous les traits, vraiment éclairés par la joie de l'âme qui possède Dieu, à tous les instants de la vie. Qu'il prît part à une peine ou à une joie, toujours cette expression souriante dominait et cependant ne détruisait pas l'expression des autres sentiments. Vous avez peut-être eu le bonheur d'approcher des âmes ainsi possédées. Ma cousine Agarite de Varax en a été pour moi un second exemplaire. Notre cousin de Vidaud était veuf avec deux filles.

Le château de la Bâtie, ancienne demeure féodale des comtes des Dombes, ducs de Montpensier, est peu distante de Trévoux. M. de Vidaud

---

[1] *Modèle des chrétiens dans le monde ou vie de M. Gabriel de Vidaud,* par le P. Pouget de la Compagnie de Jésus. Toulouse, 1854.

en avait hérité de ses parents, qui l'avaient acquis au siècle dernier. Il ne l'habitait pas, mais visitait régulièrement les bois et les terres qui en dépendaient. Ce voisinage de Trévoux lui donnait occasion de voir souvent ma tante de Guichard, pour laquelle il avait une juste vénération. Excellent parent, il était étroitement lié avec mes deux oncles, surtout avec mon oncle de Varax. D'ordinaire, après s'être arrêté à la Sidoine, il se rendait à la Duchère. On le voyait arriver à l'improviste, seul, à pied, son porte-manteau sous le bras et son grand parapluie. D'excellente santé, vigoureux, de haute taille, il n'était pas pour avoir peur d'une marche de 5 à 6 lieues ; ce qu'il y cherchait toutefois n'était pas son plaisir, mais l'économie qui lui permettait d'ajouter si peu que ce fût à l'abondance de ses aumônes. Aux yeux du simple chrétien, le superflu du riche est le patrimoine du pauvre. Aux yeux des saints éclairés par les enseignements divins, tout devient bientôt superflu. Les saints se sont toujours effrayés de la responsabilité des richesses ; ils donnent et donnent encore ; ils donnent toujours et ne pensent jamais avoir assez donné.

Quiconque eût vu le marquis de Vidaud voyageant en chaise de poste n'y eût pas trouvé à redire ; c'eût été selon son rang et selon sa fortune. Nul cependant ne s'avisa jamais de taxer d'avarice ou de lésinerie l'humble voyageur, qui tandis qu'il cheminait à pied, si modestement, répandait ses dons à profusion sur les familles indigentes, aidait les vocations religieuses, bâtissait ou réparait les églises, ne regardait à rien s'il s'agissait d'orner la maison de Dieu. Sa table était aussi frugale que son vêtement était simple. Son seul luxe consistait dans le nombre de ses serviteurs, qu'il ne congédia jamais, si infirmes ou âgés qu'ils fussent.

L'esprit d'économie, qui lui permettait d'élargir sa main pour l'aumône, lui dictait un extrême soin pour l'administration de ses biens ; un ordre parfait y régnait, tout en étant conduit par sa propre surveillance, avec une sage intelligence. L'esprit d'ailleurs était très ouvert ; occupé de l'étude des sciences, notamment de la chimie, des mathématiques, des arts mécaniques, des inventions dues au progrès, en toutes sortes d'industries.

Mais que dire de sa vie intérieure, de tant d'occupations charitables et saintes ? Il était jusqu'à l'héroïsme serviteur de la charité ; consolateur de la demeure des pauvres, de l'hôpital et de la prison. On l'a vu accompagner jusqu'à l'échafaud des condamnés à mort. Le nombre ne se compte pas des âmes que ses exhortations, ses conseils ont ramenées à Dieu.

Sa compassion, son indulgence pour le prochain alla parfois jusqu'à l'excès. J'en citerai deux traits charmants, bien qu'on ne puisse les proposer pour l'exemple. Un jour, au tournant d'un sentier, dans un de ses bois de Bresse, il se rencontra avec une vieille chargée d'un gros fagot de branches vertes et de jeunes pousses qu'elle venait de couper et qu'elle emportait. — C'est lourd pour vous, lui dit-il, donnez que je le porte. Au sortir du bois, il passa le fagot de son épaule à celle de la vieille et la quitta, non sans lui laisser quelques pièces de monnaie.

Des filoux avaient remarqué que lorsqu'il priait, le monde extérieur cessait d'exister. pour lui. L'idée leur vint de lui enlever ce qu'il avait dans ses poches : ses mouchoirs l'un après l'autre disparaissaient. Sa gouvernante trouva bon de coudre dorénavant celui qu'il emportait, solidement, dans sa poche. Il la laisse faire, se rend à l'église; l'assistance y était nombreuse; le filou accoutumé guettait l'instant favorable; il approche doucement, glisse sa main dans la poche du saint homme, s'étonne d'une résistance, s'obstine à tirer. Quand M. de Vidaud, sans se retourner : *Mon ami*, dit-il, *il est cousu*.

Au mois de mars, une élection partielle eut lieu à Lyon. Les électeurs des départements du Rhône, convoqués une première fois lors du renouvellement du cinquième, étaient appelés de nouveau pour élire un député en remplacement de M. Camille Jordan, qui, ayant été élu simultanément dans le département du Rhône et dans l'Ain, avait opté pour l'Ain. Mon père fut porté comme candidat. La persécution dont il avait été l'objet avait achevé de le mettre en vue; et comme on l'attribuait avec raison à l'aveuglement des passions excitées contre lui par sa conduite pendant l'invasion, si courageuse pourtant et si désintéressée, sa candidature fut accueillie avec une grande faveur. Mon père fut élu député, avec une grande majorité. Une foule enthousiaste vint l'acclamer et le chercher à Marcilly chez mon oncle. Son entrée en ville fut un enivrement, un triomphe. A quelque temps de là, il partit pour aller remplir son mandat. Il prit place à la Chambre auprès des députés de l'opposition et se lia plus particulièrement avec MM. d'Argenson (1), Lafayette (2) et Grammont (3).

A l'ouverture des Chambres, en 1819 (4), mon père nous emmena à Paris; il avait loué un appartement que nous vînmes habiter rue Saint-Lazare. Ce ne fut pas sans regrets que nous quittâmes Lyon, les amis qui nous avaient été si fidèles et la société qui s'ouvrait pour nous. Je ne doute pas que pour maman ce ne fut un grand sacrifice; mais elle ne le montra pas. Elle était toute dévouée aux idées de mon père, s'associait à ses

(1) Le marquis Voyer d'Argenson, député du Haut-Rhin.
(2) Le général Lafayette, député de la Sarthe.
(3) Le marquis de Grammont, député de la Haute-Saône.
(4) L'ouverture de la session de 1819 se fit le 29 novembre.

luttes parlementaires et se préparait à former une société et des liaisons pour nous.

J'avais vingt ans, Cladie dix-neuf, mon frère près de dix-sept et Suzanne dans ses quinze ans. Elle commençait à tenir sa partie belle dans notre intérieur si uni ; spirituelle, gaie, ayant le goût de plaire, elle y réussissait déjà. Nous n'entrions pas trop tristement dans notre vie nouvelle ; chaque printemps devait nous ramener chez le bon oncle ; cela diminuait nos regrets.

Nous reprenions possession de mon frère. Il avait fini ses études classiques et venait loger avec nous. Il suivait des cours de droit et, avec passion, ceux de M. Cousin, nous faisant partager son enthousiasme, et même copier les extraits qu'il rapportait de la Sorbonne. Il était en même temps de toutes les réunions politiques des jeunes gens. En ce moment, tous prenaient part à la vie publique qui renaissait.

La Chambre, la politique nous animait d'ordinaire. Mon père était fort avant dans l'opposition ; il montait rarement à la tribune où il ne parlait pas sans préparation, n'ayant pas l'habitude de l'improvisation soutenue ; mais il avait beaucoup celle de lancer un mot piquant et devint connu pour ses interruptions mordantes et spirituelles.

De naturelles relations s'établirent entre nous et les familles des collègues amis de mon père, surtout MM. de Lafayette et d'Argenson. Mme d'Argenson [1] avait un fils [2] et trois filles [3] de son premier mariage avec le prince Victor de Broglie, qui avait péri sur l'échafaud dans la Révolution; et quatre enfants de son second mariage, deux filles jumelles [4]; un fils, René, et Sophie, la plus jeune, mariée depuis à M. de Lascours; elle a été, tant qu'elle a vécu, une intime et parfaite amie pour Cladie et pour moi. Suzanne, un peu plus tard, se lia avec les petites-filles du général de Lafayette, plus rapprochées de son âge.

Ces amitiés de notre jeunesse nous ont tenu lieu de celles que nous eussions nouées assurément, si nous nous étions rapprochées de ceux de nos parents que nous avions à Paris. Leur société nous eût été tout agrément en des temps paisibles, mais telle était alors l'irritation des partis et la violence des ressentiments, qu'elles réduisaient à néant les liens de la famille. La question politique passait avant tout, et le désaccord entre les opinions ne se supportait pas. Comme tout était à l'extrême, même entre proches et entre amis, on

---

(1) La marquise d'Argenson était fille d'un maréchal suédois, comte de Rosen. On lit dans les mémoires du feu duc de Broglie : « Ma mère était une femme d'une rare beauté, d'un esprit plus rare encore, d'un caractère et d'un esprit supérieurs à sa beauté. » — Paris, 1886.

(2) Le duc de Broglie mort en 1870.

(3) La marquise de Moges, la comtesse de l'Aigle, la marquise de Menou.

(4) Mariées plus tard, l'une au comte de Croy-Chanel, l'autre, au marquis d'Oyron.

s'évitait. Dès lors que sur ces sujets brûlants on ne pensait pas de même, on s'abstenait de se voir, pour ne pas rompre tout à fait.

Du côté paternel, nous avions à Paris les Champigny, Cadore, Chateauvieux. Mais le moyen que mon père, nommé député par acclamation, siégeant à côté de Lafayette, Grammont, d'Argenson, Benjamin Constant, entrât en relations agréables avec les anciens amis et favorisés de l'Empire, lui qui, pendant toute sa durée, s'en était tenu obstinément à l'écart.

Aux yeux de ces serviteurs de quinze brillantes années, peu importait un dévouement chevaleresque qui ne s'était offert qu'aux jours de défaites. D'ailleurs, dans le bouleversement général, l'ardeur et les efforts des corps armés réunis à Lyon, pour repousser l'invasion, ou du moins pour en retarder la marche, demeuraient presque inaperçus.

Mon père demeura donc autant dire étranger, non seulement à ses parents à lui, mais aussi aux Mondragon, Pluvost, Nantouillet, proches cousins de ma mère ; ceux-ci absolus entre tous, dans leurs sincères et respectables convictions, la plupart attachés à la Cour. Là, point d'illusions à se faire, le nom seul de Corcelle devait être un épouvantail.

Nous fîmes cependant connaissance avec une excellente vieille parente, Mme de Fétan, qui avait été charmante d'accueil pour mon père, pendant qu'il était seul. Elle était de Lyon, mais fixée à Paris de tout temps, où elle habitait un hôtel, dans l'île Saint-Louis, qui peut-être existe encore, mais je doute que le jardin ait été conservé avec ses beaux espaliers d'abricotiers. Malgré le véritable voyage à faire, nous allions souvent à ses dimanches. Elle avait des petits-enfants et donnait un bal tous les ans au printemps, après que son tapis avait été enlevé. Bonne musicienne, elle ne se serait pas endormie sans avoir joué sa sonate pour elle toute seule. On voyait beaucoup de Lyonnais chez elle.

De tout temps, on a écrit des lettres anonymes et de menaces aux hommes politiques; ils n'y prennent pas garde, mais c'était nouveau pour nous et nous paraissait grave. Un jour arriva, à l'adresse de mon père, une petite caisse carrée, sans avis, sans indications; nos têtes se montent, nous allons jusqu'à soupçonner une machine infernale. Francisque s'en mêle; nous montons aux combles, et là, par une ouverture de décharge de foin, nous lançons la caisse dans la cour. Elle se brise; il en sort vingt petites pelotes de ficelle, les plus égales. C'était un inventeur qui voulait un brevet. Je crois que nous regrettions l'explosion.

Nous reprîmes à Paris notre vie occupée. Suzanne et moi recevions des leçons de peinture exceptionnelles de M. Girodet, dans un atelier où se réunissaient quelques jeunes filles bien élevées. Cladie prenait des leçons de harpe.

Mon père avait réglé que nous irions à trois bals par hiver. Nous dansâmes chez Mme de Fetan et chez nos amies d'Argenson. Pour la première de ces soirées, mon père nous fit cadeau d'une robe de crêpe blanc garnie de ruches de crêpe rose. Nous devions être assez bien ce me semble, mais assez effarées dans ce monde nouveau pour nous. Je fus invitée à danser par un Anglais, qui me parla sa langue, me prenant pour une compatriote. Je lui balbutiai en anglais quelques mots, auxquels il vit que j'étais Française; alors, il reprit dans un français à quoi je ne compris rien; puis, parlant, moi en français, lui en anglais, nous tombâmes dans un accès de rire, et je revins à ma place.

L'hiver s'écoula sans amener à Paris aucun de nos parents de Lyon. La privation de ne les plus voir ne passa pas inaperçue. En ce temps, on se déplaçait peu, le mot de séparation avait un sens triste qu'heureusement il a perdu. Le premier d'entre ses proches que ma mère revit, fut notre saint cousin Gabriel de Vidaud : une première fois lorsqu'il vint à Paris pour s'y retrouver avec sa fille Zoé (1), qu'il venait de marier avec M. Eugène de Chabannes, fils aîné du comte de Chabannes, pair de

(1) Zoé de Vidaud de la Tour, comtesse de Chabannes, morte en 1844. Elle a laissé quatre fils et une fille mariée au marquis Duprat. Celle-ci mourut en 1846.

France, et comme tel destiné à la pairie ; quelques mois plus tard, quand il conduisit Louise, sa fille cadette, au Sacré-Cœur. Louise était une beauté : lorsqu'elle commença de s'annoncer comme telle, son père en fut moins charmé que préoccupé, craignant que dans la suite elle ne devint trop mondaine. Ses vœux furent comblés, lorsqu'elle manifesta, dès l'âge de seize ans, son désir d'entrer en religion, voulant se mettre à l'abri des dangers du monde. Quand elle prononça ses premiers vœux, son père vint à Paris pour y être présent ; et ce fut l'archevêque, Mgr de Quélen, qui les reçut. Plus tard, elle fit sa profession entre les mains de l'évêque d'Amiens, Mgr de Chabons ; celui-ci, cousin de M. de Vidaud et cousin de ma mère, au même degré.

Aucun événement de famille ne marqua pour nous les années 1820 et 1821, jusqu'au commencement de l'année 1822, qui devait décider l'avenir de ma vie. Ce long intervalle fut rempli l'hiver par l'agrément que nous trouvions à nos relations, surtout celles d'un cercle intime, et par des occupations qui nous passionnaient toujours davantage : la peinture pour Suzanne et moi ; la musique et le chant pour Cladie. De ce temps datent les portraits que je fis de mes deux sœurs ; cette petite toile qui vous a toujours plu : Cladie, assise à la harpe ; Suzanne, debout auprès d'elle. J'y mis beaucoup de patience et de soin ; les détails sont d'un fini extrême, à l'imitation des anciens maîtres hollandais. L'été nous ramenait chez nos bons parents du Beaujolais. Tant que duraient les sessions, la politique absorbait mon père. Il rapportait chez lui l'écho des discussions de ces temps passionnés jusqu'à la violence. La division était à son comble dans les deux Chambres et les partis se combattaient avec une égale ardeur. Le malheur est qu'il n'en naissait aucune entente; si bien, que dix années tourmentées par ces luttes stériles aboutirent à la catastrophe de juillet 1830.

FIN DE LA PREMIÈRE PARTIE

Comtesse ROEDERER, Genève 1866

DEUXIÈME PARTIE

Vous savez, chères enfants, que M. Roederer ([1]) avait été, en 1815, commissaire extraordinaire dans les départements du Midi et avait eu ainsi, à Lyon, des relations avec mon père, qui lui avait donné un dîner officiel. Son fils aîné, le colonel Roederer, récemment revenu de Russie, l'accompagnait et avait été, ainsi que lui, bien reçu par mes parents. Nous l'avions trouvé fort aimable et, de son côté, la distinction de ma mère l'avait frappé; la simplicité de notre éducation lui avait plu; il estimait la droiture et les opinions de mon père.

Nous étions à Paris depuis deux ans, et nous n'avions pas eu l'occasion de le revoir, lorsqu'un

([1]) Le comte Roederer, sénateur.

ami commun [1] lui ayant entendu parler de notre famille crut comprendre qu'il aurait le désir d'y entrer et l'encouragea à me demander en mariage. Mes parents accueillirent favorablement cette demande.

Il avait quinze ans et demi de plus que moi, qui en avait vingt-cinq [2]. Sa fortune était bien plus considérable que la mienne: cela me causait quelqu'inquiétudes. Maman comprit ce trouble, car c'était de sa délicatesse que mon cœur tenait la sienne. Mais elle me tranquillisa en me montrant la fausseté de mon point de vue et ce qu'il avait d'offensant pour M. Roederer. Je n'y pensai plus, je ne demandai qu'à être désabusée [3].

M. Roederer avait été très beau et l'était encore, quoique sa personne portât les traces des souffrances de la campagne de Russie et de sa captivité. Ses yeux étaient superbes, bruns, vifs et doux; ses manières très agréables et distinguées. L'originalité piquante de son esprit donnait beaucoup de charme à sa personne. Entré fort jeune au service [4], il se trouvait à Austerlitz aide-de-camp du général Saint-Hilaire. A la suite de cette campagne, il fut décoré, à vingt-cinq ans.

---

(1) Le comte Stanislas de Girardin (marquis d'Ermenonville avant la Révolution).

(2) Pierre-Louis Roederer, né en mai 1782, Blanche-Joséphine de Corcelle, née le 23 septembre 1797.

(3) Voir *Lettres et notes*, p. 223, note 6.

(4) En mai 1800, volontaire dans un régiment de hussards.

Peu après, demandé comme aide-de-camp par le roi Joseph, il le suivit à Naples, puis à Madrid, fut nommé colonel [1] et courut, à travers l'Espagne, des dangers au moins aussi grands qu'à la grande armée, dans laquelle il entra, en 1812, major d'un régiment de lanciers [2]. Sa rare bravoure fut mise à une rude épreuve au passage de la Bérésina. L'Empereur, voulant juger de l'état du fleuve, ordonna au major des lanciers de le passer avant lui. M. Roederer ne savait pas nager; cela ne l'empêcha pas d'entrer résolument dans ces eaux en débâcle. Lui et son cheval parvinrent, avec tant de dangers, jusqu'à l'autre bord que l'Empereur suspendit le passage et fit construire des ponts.

A cette bataille de la Bérésina, M. Roederer reçut à travers la bouche une balle d'un cosaque qui l'ajusta presqu'à bout portant. Cette blessure aggrava pour lui terriblement les souffrances de la retraite; mais la trace en paraissait à peine plus tard. Séparé des siens, hors d'état, par sa blessure, d'articuler une parole, il resta mourant à Wilna et fut fait prisonnier de guerre.

On ne s'imagine pas ce qu'il eut à souffrir. Pendant quelque temps, il fut presque aveugle, avec les pieds et les mains gelés. Malgré son

---

(1) Voir *Lettres et notes*, p. 224, note 7.
(2) Voir *Lettres et notes*, p. 224, note 8.

énergie et sa forte constitution, c'est à peine concevable qu'il s'en soit tiré [1]. Au retour de la captivité de Russie, il n'avait pas repris du service. Fixé désormais à Paris, après y avoir si peu vécu, il y vivait assez retiré du monde, voyant surtout ses amis et sa famille : son père, sa mère [2], qu'il entourait des soins les plus assidus; Toni, son frère; Marthe, sa sœur; tous les deux d'âges très rapprochés du sien, qui l'aimaient tendrement et désiraient depuis longtemps son mariage.

Nous fûmes mariés, le 30 janvier 1822, dans l'église Saint-Philippe-du-Roule, et nous allâmes aussitôt habiter, au faubourg Saint-Honoré, un des deux pavillons de l'hôtel Roederer, celui du côté droit.

La fête du soir, donnée en notre honneur, fut très brillante. N'ignorant pas votre goût pour les détails, je vous dirai que j'avais une robe de dentelle dont le tissu formait un semis de fleurs, garni de plusieurs falbalas sur un dessous de satin.

J'avais reçu dans ma corbeille et de mes parents de fort beaux présents. Entr'autres, ceux de mon oncle de Varax, qui m'envoya, de Lyon, trois robes comme on en voit dans les *Mille et une*

---

(1) Voir *Lettres et notes*, p. 225, note 9.

(2) Louise-Eve-Régine de Guaita, née à Francfort sur le Mein, en 1762, mariée, à Francfort, octobre 1777, à Pierre-Louis Roederer, conseiller au parlement de Metz, morte à Paris, novembre 1832.

nuits; une en tulle blanche, lamée et brodée d'argent, et deux en velours; l'une, de couleur rouge ponceau, l'autre, bleu de ciel, avec broderies en perles. Vous me demanderez, maintenant, si j'ai eu beaucoup l'occasion de m'en faire honneur?

L'hôtel de mon beau-père était une des plus belles demeures du faubourg Saint-Honoré, avec un jardin grand comme un parc, donnant sur les Champs-Elysées. M. Roederer l'avait acheté au commencement de l'Empire; à cette époque; on en avait fait une espèce de Tivoli, où l'on donnait des fêtes champêtres.

Beaucoup plus tard, M. de la Vaupallière (1) rentra de l'émigration; M. Roederer lui fit offrir de reprendre son hôtel. Il demandait seulement que M. de la Vaupallière lui en donnât le prix auquel il l'avait acheté. C'était fort délicat, car la valeur en avait fort augmenté. M. de la Vaupallière remercia en disant qu'il cherchait un établissement plus en rapport avec l'état actuel de sa fortune.

M. Roederer avait réservé, pour son fils Toni, un des deux pavillons attenant à cette demeure. Toni n'y habitait qu'à de courts intervalles. Marié depuis douze ans, père de quatre enfants, quatre filles toutes gracieuses et jolies, il était ce que

(1) Fermier général avant la Révolution.

vous l'avez connu, bon, aimable, rempli de connaissances variées et d'un entrain de société, d'une bienveillance, qui rendirent faciles nos relations fraternelles. Elles ne pouvaient d'ailleurs qu'être fort agréables. Avec infiniment d'esprit, beaucoup de sens, une mémoire qui n'oubliait rien, sa conversation était charmante, inépuisable en anecdotes et souvenirs. Très jeune, à dix-huit ans, il avait été initié aux grandes affaires, même aux secrets d'Etat, et il avait vu de près les hommes qui ont eu en leurs mains les destinées d'un pays. Il ne s'était préparé que pour la carrière des armes et venait d'entrer à l'école polytechnique, quand M. de Talleyrand, ami de son père, insista pour l'avoir auprès de lui, au ministère des relations extérieures; on dirait, aujourd'hui, au ministère des affaires étrangères. Plus tard, il était entré, comme auditeur, au Conseil d'Etat et avait été envoyé en cette qualité à Naples auprès de Joseph Bonaparte. Il était préfet du Trasimène, en 1809, et préfet de l'Aube, en 1814 et 1815.

Adèle, ma belle-sœur, femme de votre oncle Toni, était fille du général César Berthier, frère aîné du maréchal Berthier, prince de Wagram. Son âge la rapprochait du mien, d'autant, qu'en ses vingt-huit ans, elle paraissait beaucoup plus jeune. Je fus bientôt liée avec elle. Sans être ce qu'on appelle une beauté, elle avait tout ce qu'il faut pour plaire; beaucoup de grâce, petite, faite à peindre, bonne, bienveillante, très douée, chantant agréablement, dessinant avec beaucoup de facilité. Ses doigts étaient ceux d'une fée; elle créait des merveilles de goût, d'élégance, avec toutes sortes de soies, de velours, satins, perles, or, etc., en même temps que d'innombrables objets pour vêtir les pauvres et pour les églises. Son éducation avait été très soignée, comme l'était celle de toutes les élèves de Mme Campan ; d'abord à Saint-Germain, ensuite dans la célèbre maison d'Ecouen, où elle avait eu pour compagnes celles que la future surintendante appelle, dans ses souvenirs, « une nichée de reines ». Hortense et Stéphanie de Beauharnais, Elisa et Caroline Bonaparte, Julie Clary; reines éphémères dont la couronne n'eut d'autre durée que celle de l'Empire.

Marthe Roederer, mon autre belle-sœur, était de quinze ans plus âgée que moi; son mariage suivit le mien à quelques semaines de distance. Demeurée fidèle à une inclination de longue date, elle avait, jusqu'à ce jour, refusé tout projet de mariage. On croyait qu'elle y avait renoncé pour toujours, quand le général Gourgaud (1), objet de son souvenir, revenant de Sainte-Hélène avec un

---

(1) Le général baron Gourgaud, né en 1783, aide-de-camp de Napoléon, dans la campagne de France, en 1813, et à Waterloo, en 1815, avait été choisi avec Bertrand et Montholon pour partager la captivité de l'Empereur, à Sainte-Hélène. Il quitta l'île au bout

prestige de plus, renouvela sa demande. Elle lui accorda sa main, ayant obtenu par sa persévérance le consentement paternel. Le général Gourgaud s'était élevé par son mérite personnel aux plus hauts grades de l'armée, mais il n'avait aucune naissance; de là, pendant longtemps, le refus de M. Roederer de l'accepter pour gendre. Au point de vue de ce mariage, mon mari, bien qu'il fut, comme militaire, en bons termes avec le général Gourgaud, partageait complètement le sentiment de son père.

Marthe était une personne d'un mérite rare; d'un esprit bienveillant, sage, fort cultivé, sachant s'occuper, d'une adresse extrême, elle avait, tout en tirant l'aiguille, toujours un livre ouvert et profitait de ses lectures. Elle savait par cœur tous les classiques, Corneille, Racine, etc., etc., sans montrer l'ombre de pédanterie avec tant de connaissances. Grande, avec de beaux yeux bleus, l'agrément de sa personne tenait moins aux traits de son visage qu'à sa physionomie douce, intelligente, pleine d'expression. Il fut convenu, quand elle se maria, que sa mère ne la quitterait pas, mais irait demeurer avec elle.

Mes parents continuaient d'habiter la rue Saint-

---

de dix-huit mois, pour cause de santé. En 1839, il fut l'un de ceux qui allèrent à Sainte-Hélène pour en rapporter les restes de l'Empereur. A partir de 1817, il fit partie de la Chambre des pairs.

Lazare; c'était un peu loin, mais ma mère, avec mes sœurs, venait souvent me voir. Elle avait alors un petit terrier anglais, noir avec des taches de feu, très intelligent, fidèle au possible, qui la suivait toujours. Cette pauvre petite bête s'aperçut que je manquais à la famille; et voyant le chemin qu'on prenait pour me trouver, se mit à le faire, tout seul, pour son compte. Je voyais tous les matins petit Trim rôder un moment autour de nous, puis s'en aller après avoir donné son petit bonjour, et reçu mes caresses; et cela, si régulièrement que l'ingénieuse Suzanne imagina de lui confier des billets, et moi, les réponses; son collier servait de valise.

Trim était un ami pour maman. Elle le garda très longtemps; il lui fut volé, car il avait bien trop d'esprit pour se perdre. Mon père crut pouvoir le lui remplacer; lui, qui ne comprenait pas les chiens! Un soir, il trouva dans la rue un misérable jeune chien perdu qu'il rapporta sous son manteau. Il espérait que la pitié remplacerait l'affection; mais maman n'a jamais aimé Trim second autant que le premier.

Au retour de la belle saison, nous allâmes en Normandie, au Bois Roussel, où mon beau-père nous avait devancés de quelques semaines. Je m'y plu beaucoup, tout y était nouveau pour moi. Ce n'était plus cette nature riante, ce ciel éclatant des pays où j'avais vécu; le site était plutôt sévère ; le ciel voilé souvent ; mais la beauté du paysage, les grands horizons, une végétation superbe, la verdure incomparable me charmaient. Dans les commencements, ce qui m'étonnait beaucoup, c'était ces troupeaux, que je voyais errer dans les prairies sans gardiens, comme à l'abandon. Le matin, de mes fenêtres, je regardais s'ils n'avaient pas disparu, volés, perdus, que sais-je ? Il eut été facile de les emmener hors de ces herbages, simplement enclos de haies vives, d'épines noires ou de charmille ; et pour entrée, une brèche entre deux poteaux, avec deux longues lisses de bois passées en travers, la main d'un enfant les eût fait glisser hors des poteaux, sans effort.

Votre grand-père a peint, avec les couleurs les plus vraies, l'agrément et l'intérêt qui s'attachent à nos paysages normands. Dans un de ces proverbes rustiques, une gaieté, en cinq ou six scènes, intitulée : *Les charmes de la campagne,* il suppose une lettre, écrite par une jeune femme, la baronne X... [1], nouvellement arrivée en notre pays normand.

« Vous ne vous faites pas une idée, dit-elle, de la situation du Bois Roussel et de l'impression que fait l'aspect du pays. Figurez-vous un grand bassin, ou je ne sais comment vous dire, un grand

---

[1] La baronne Toni Roederer.

lac de verdure, de beau gazon, qui s'étend à perte de vue et qui est bordé, sur les côtés, de deux amphithéâtres couverts de grands bois. La maison domine cette vallée. A droite de la maison, on a la vue d'un bourg, qu'on nomme Essay et qui fait un effet très pittoresque. En face, une seule habitation, dans le lointain. Ces herbages sont couverts de chevaux et de bœufs, qui vivent très bien ensemble; qui restent là jour et nuit, n'ont d'autre chose à faire que de paître, sont en pleine liberté et ne voient ni maître, ni chien, ni berger et ne connaissent pas même la sujétion du troupeau. Ce paysage est toujours le même et toujours différent, parce que les animaux, sans paraître changer de place, ne restent pourtant jamais à la même. Ils se groupent, ils se dispersent; ils sont tantôt à droite, tantôt à gauche; quelquefois partout. Quelquefois, mais rarement, on ne les voit plus. Il y a près de la maison des bosquets ou plutôt des plantations qui entrecoupent la vue des herbages; elles cachent les animaux; mais ordinairement elles les encadrent dans un joli paysage, qui a son lointain et dont elles forment les côtés et le premier plan.

» Vous m'entendrez mieux que je ne m'explique, ma chère tante, je vous écris comme à une artiste et non comme une artiste; quoique cette vue me rappelle mes études de dessin, et je crois que je les reprendrai.

» Je ne sais quel effet produirait ce paysage sans les animaux qui sont toujours là, ou couchés ou broutant, le matin, le soir, la nuit ; mais ces animaux y mettent de la vie, je dirai presque du sentiment. Les formes élégantes des jeunes chevaux, leur gaieté, leurs courses, contrastent si agréablement avec la majesté des bœufs ; les uns et les autres se dessinent si bien ; leurs couleurs marquent si agréablement sur le fond de verdure ; ils sont si beaux, si paisibles, si unis, si libres, si heureux ; cet ensemble, aussi éloigné de la monotonie que du tapage, est tellement harmonieux, qu'il porte à l'âme un sentiment de calme que je n'ai éprouvé nulle part ; on sent qu'on ne s'en lassera point ; on sent qu'on est hors de l'agitation, sans craindre de tomber dans l'ennui. Cette vallée est le séjour du *calme* : le calme est le dieu de ce séjour ; il y est aussi opposé à la fatigue d'un long et insipide repos qu'à celle de la tempête. »

Mon oncle François, déjà avancé en âge, se maria en secondes noces dans l'été de cette année 1822 ; il épousa une cousine germaine de ma mère, Mlle de Revol. Ma grand'mère n'avait pas eu de repos, qu'elle ne l'eût décidé à un nouveau mariage, et elle a pu mourir et le voir tiré de son isolement. Dieu merci, elle ne put prévoir le malheur qui ne tarda pas à affliger son fils : la mort prématurée de ma tante, laissant deux enfants bien jeunes, et mon pauvre oncle, veuf pour la seconde fois.

Thérèse et Henry de Corcelle, les deux enfants de mon oncle François, étaient du même âge que mes deux enfants ; je les ai vu mourir tous les deux en pleine vigueur de jeunesse, avec toutes les apparences de la santé.

J'ai eu cinq cousines germaines, je les ai toutes perdues encore jeunes. Thérèse de Vilieu, Mme de Saint-Bon, laissant six enfants ; Hélène de Vilieu, Mme de Roydelet, qui en a laissé deux ; Agarite et Louise de Varax, toutes deux religieuses au Sacré-Cœur ; Zoé de Varax, Mme de Mazenod, elle a laissé une fille et deux fils ; Thérèse de Corcelle, Mme de Carnazet, elle a laissé deux filles et un fils.

J'attendais d'un jour à l'autre la naissance d'un premier enfant. Bien qu'on fut au mois de décembre, la saison était fort belle. Nous étions allé dîner, mon mari et moi, en partie de plaisir, près du Jardin des Plantes. De là nous revînmes à pied dans notre pavillon. Au milieu de la nuit, je fus prise de douleurs ; le médecin, la garde tardaient à venir. Heureusement mes parents venaient de se rapprocher de nous et étaient tout près dans le faubourg Saint-Honoré. Mon mari courut chercher maman, qui ne perdit pas une minute et arriva comme mon enfant venait de naître. Ce fut elle qui lui donna les premiers soins avec un sang-froid et une bonté qui nous préservèrent d'inquiétude [1].

Ma petite fille fut baptisée à Saint-Philippe deux jours après sa naissance. Mon beau-père fut son parrain ; ma mère, marraine, lui donna son nom, Hélène.

Ce nom, qui nous est cher, s'est multiplié dans la famille ; ma mère le tenait d'une sœur de son père : Hélène de Varax, Mme de Revol.

Marthe, la sœur de mon mari, avait eu presqu'en même temps que moi les mêmes espérances de maternité. Je m'en réjouissais, non sans inquiétude, à cause de son âge. Je m'étais extrêmement attachée à elle. Le peu de temps que je la connaissais avait suffi pour me faire apprécier son cœur et son esprit et recevoir de précieuses marques de son affection. Hélas, ce n'était pas sans raison que je me tourmentais pour elle.

Cette pauvre belle-sœur était dans le bonheur de la naissance d'un fils, superbe enfant qu'elle venait de mettre au monde ; trois jours après elle se mourait. J'étais à la porte de sa chambre à ses derniers moments ; on m'éloigna, me trompant sur l'imminence du danger. Je laissais à cette porte ma pauvre belle-mère. Peu après, le malheur était consommé. Pendant quarante ans,

---

(1) Voir *Lettres et notes*, p. 226, note 10.

cette mère n'avait pas été, un jour, séparée de sa fille ; elle fut consternée. Mon mari l'enleva de cette fatale maison, où elle cherchait Marthe sans la trouver, et il l'amena près de nous. Je ne pouvais que pleurer avec elle. Son seul soulagement était de pleurer aussi. Il fallut, plus tard, retourner à ses appartements, pour mettre de côté ce qui lui appartenait. Nous partions de bonne heure, voilées et cachées le plus possible ; montions par un escalier de service ; puis, une fois dans sa chambre, la douleur la surmontait ; elle ne pouvait plus agir. Une porte communiquait à l'appartement de ma belle-sœur ; la pauvre mère s'écriait : Elle est là, Blanche, elle va venir ! Mon cœur se fendait ; et pourtant, il fallait accomplir la tâche pour laquelle nous étions venues, rassembler tous ces objets. J'ai bien souffert avec cette malheureuse mère ; elle l'a vu et a reporté sur moi une part des sentiments que j'avais compris. Jusqu'à sa mort, elle m'a comblée des témoignages de sa tendresse maternelle. Le général Gourgaud et sa sœur élevèrent avec un tendre dévouement votre cousin Napoléon, l'enfant que ma belle-sœur avait laissé.

Il m'est toujours resté une impression profonde de cette funeste mort, mais celle que j'en éprouvai à l'heure même se ressentit de mes émotions et de l'état nerveux où j'étais. Lorsque mon mari m'eut emmenée d'auprès sa pauvre sœur, je me couchai et la fatigue m'endormit. Bientôt je fus tirée impérieusement de ce sommeil par une voix distincte, quoique basse, que je reconnus pour celle de ma belle-sœur. J'entendis très bien deux ou trois fois : *Blanche ! Blanche !* et en même temps je la vis, elle, comme si elle était à côté de mon lit. Je me levai. L'apparition marcha devant moi. Je la suivis quelques pas et fus rendue à la réalité, seulement en revenant me heurter à des robes, pendues à un mur, dans le cabinet de toilette.

La naissance de Pierre suivi de bien près celle d'Hélène. Cette chère petite avait mis ses treize mois à profit ; elle courait partout, parlait nettement comme une grande personne ; c'était étonnant à son âge, et ce qui me rend ce souvenir très présent, c'est la frayeur qu'elle me donna pendant que j'étais en couches de son frère. On l'avait laissée un moment seule avec moi ; tout à coup, je la vis grimper sur un fauteuil, puis sur le bras du fauteuil et de là sur la commode, et enfin, sur une cassette qui était au milieu. Alors, n'étant plus occupée de son ascension, elle se mit à crier : *j'ai peur, j'ai peur !* aussi correctement qu'une grande personne. C'est moi qui avais peur, je n'osais me lever, je me pendais aux sonnettes et fus assez heureuse pour la distraire, en lui disant de regarder une gravure qui était au-dessus de sa tête. Cela donna le temps d'arriver à son aide.

Pierre eut pour marraine sa bisaïeule, ma grand'mère de Corcelle, et pour parrain mon beau-père. Les deux noms qu'il reçut à son baptême sont les noms de son grand-père, et les noms également de son bisaïeul, Pierre-Louis Roederer, à qui la ville de Metz décerna, en 1777, le titre de grand et excellent citoyen : *Civus optimus*.

La vie militaire ni la vie de cour n'avaient pas préparé mon mari à comprendre les agréments de la campagne; pourtant, son père avait le plus grand désir qu'il y prit goût. Le bonheur de M. Roederer aurait été de fixer autour de lui, dans un rayon très rapproché, ses deux fils, même son gendre, avec la tribu de ses petits-enfants. Son rêve accompli, il aurait, disait-il, fait inscrire à l'entrée de nos demeures ces paroles du Psaume : *Ecce quam bonum et quam jucundum, habitare fratres in unum !* Une année, il fit arranger pour nous une jolie petite habitation à Mare-Dessous. Pierre y a fait ses premiers pas. L'année suivante, pour laisser à son fils l'intérêt d'une maison qu'il désirait lui voir conserver, il nous établit au Bois Roussel et se prépara, au bout du parc, sur la hauteur, dans un site de toute beauté, un pavillon qu'il décora du nom de Matignon, en souvenir de la vaste demeure que le maréchal de Matignon avait fait construire à Lonray, près d'Alençon. Une partie de ce vieux manoir ayant été démolie, en 1825, parmi les matériaux qu'on vendit, M. Roederer avait fait acquisition de quatre beaux piliers en granit gris, qui servirent de portique à sa nouvelle demeure.

Peu à peu il l'agrandit, il y ajouta une bibliothèque, billard, salle de spectacle avec scène, gradins en amphithéâtre, galerie, etc., si bien que le pavillon est devenu un véritable château.

Je n'ai pas à vous dire combien il s'est embelli depuis que Maurice (1) en est devenu possesseur. Son goût parfait l'a transformé. Le parc, créé par Brideau (2), est disposé de telle sorte que tout le pays environnant semble en faire partie. Les herbages y font suite à perte de vue, ornés d'arbres séculaires, d'ormeaux et de chênes contemporains de Saint-Louis. Les collines de la Sarthe avec les forêts de Bellême et de Perseigne forment le fond du tableau.

Un axiome de Brideau est qu'un jardin sans une pièce d'eau, est comme un salon sans glace. Il a beaucoup agrandi la pièce d'eau des Vauguiers, au pied de la hauteur que domine le château. M. Maurice l'a peuplée de cygnes.

Ma sœur Cladie fut mariée, en 1824, avec M. Auguste de Schonen (3), que mes parents rencontraient souvent chez M. de Tracy, le célèbre

(1) M. de Barberey.
(2) En 1849.
(3) Né en 1782, il était âgé de quarante-deux ans.

auteur d'ouvrages de philosophie, dont le salon, très recherché, était tenu par Mmes de Lafayette et de Laubespin, ses deux filles. L'intimité de M. de Schonen en cette maison était à la fois filiale et fraternelle.

De son côté, ma mère s'était liée avec Mmes de Lafayette et de Laubespin, et mes deux sœurs avec Mlles de Lafayette ; il s'ensuivit que M. de Schonen ayant vu ma sœur ne put que l'admirer beaucoup, sans, toutefois, le laisser paraître, se trouvant d'âge trop mûr pour penser obtenir sa main.

Il avait tort; car lorsqu'il eut épousé Cladie, leur union, malgré la différence de leur âge, fut la plus heureuse du monde.

L'idée de la préparer en vint d'abord à M. Roederer, et ce fut de lui que vinrent les premières démarches auprès de mes parents.

L'entrevue pour le mariage eut lieu dans une soirée qu'il donna tout exprès. La demande de M. de Schonen reçut l'accueil le plus favorable ; ce mariage, qui ne séparait pas Cladie de nous, comblait tous nos vœux.

M. de Schonen était conseiller à la Cour royale ; il avait une excellente réputation, et même de la popularité, à cause de son indépendance. Issu de très noble lignée, — la généalogie des de Schonen remonte à la nuit des temps. — Sa mère était une Salis-Samade. — Il était veuf, avec une toute jeune fille, dont ma sœur consentit à devenir la seconde mère.

Mon mari eut le regret de ne pouvoir assister au mariage, il était en ce moment très souffrant d'une esquinancie. Grand admirateur de Cladie, il s'était fait une fête de voir l'éclat de sa beauté en toilette de mariée. Elle parut, en effet, bien belle mariée aux yeux de tous ceux qui la virent.

M. de Schonen tint à nous apporter lui-même le contrat à signer. Il était très heureux et se montra pour mon mari ce qu'il fut toujours depuis, et de plus en plus, très amical. L'expansion, la chaleur d'âme étaient dans sa charmante nature.

Mon beau-père attirait au Bois Roussel, autant qu'il pouvait, mes parents, qui, dès lors, se partagèrent également entre Marcilly, La Sidoine et la Normandie. M. de Schonen ajouta à l'attrait de ces réunions. Magistrat, ami des lettres, il offrait à M. Roederer, ancien parlementaire et remarquable auteur dans les genres les plus divers, bien des points de sympathie.

Quand l'aimable et joyeuse famille du baron Roederer venait en visite en même temps que les miens, le Bois Roussel, par moments, devenait fort animé. Il y avait, sur un des côtés de la salle à manger, un petit théâtre fort complet. On y jouait les pièces de la composition du maître du logis. *La Foire d'Alençon, La Pipe de Cidre, La*

Borne de Nonancourt, etc. Ce qui ajoutait au divertissement des spectateurs, tous voisins et gens du pays, c'est qu'ils pouvaient reconnaître non seulement les auteurs, mais aussi les personnages mis en scène. Souvent aucun voile ne les dissimulait. L'action se passait soit aux environs, soit à Bois Roussel même. M. Ménager, l'herbager ; Septier, le fermier ; Hougot ; Cholet ; Dujardin ; Mlle Castel ; M. Dudouit, le bon curé ; autant de noms familiers à tous, qui, rien qu'à les entendre, amenaient les rires.

Plus tard seulement, on s'essaya dans les pièces de caractère, les scènes historiques, dont M. Roederer était aussi l'auteur. Ainsi, *Le Diamant de Charles-Quint, Le Marguiller de Saint-Eustache, M. Hoc ou le Défiant* (cette dernière pièce en vers), pour lesquelles de fort beaux et riches costumes furent commandés à Paris. Elles ne furent point jouées sur le théâtre du Bois Roussel, mais sur celui de Matignon, plus grand, mieux disposé. Quelle que fut d'ailleurs la pièce, la salle était toujours comble et les acteurs n'étaient pas seuls à s'amuser. Pour moi, après une tentative médiocre, je quittai la scène pour rentrer dans le trou du souffleur. Je me tirai si bien de l'emploi, et je m'en trouvai si bien, que je ne le quittai plus.

La santé de mon père, parfaite jusqu'alors, commença, dans le mois de mai, à nous donner de vives inquiétudes. Il eut plusieurs accès de fièvre pernicieuse, puis un érésypèle à la tête. Ma mère, Suzanne et mon frère étaient près de lui, le soignèrent et ne souffrirent jamais une assistance étrangère. Il n'en fut nullement question, l'idée n'en vint même pas; ma mère eut pour sa part les soins de la journée, Suzanne et Francisque se réservèrent de veiller la nuit; elle et lui passèrent toutes les nuits au chevet de leur malade, sans interruption, pendant plus d'un mois. Bien qu'ils fussent tous les deux dans la fleur de leur santé, il est certain que la fatigue l'eut emporté si la tendresse filiale n'eut doublé leurs forces. Ce qui est miracle encore, c'est que Suzanne trouva moyen presque tous les dimanches soirs d'aller passer quelques moments auprès de ses amies, Mlles de Lafayette et de Lasteyrie, sur le fameux canapé, où la jeunesse se groupait dans le salon de Mmes de Lafayette et de Laubespin.

C'était pour Cladie et pour moi un chagrin de tous les instants de nous trouver impuissantes à seconder maman, Suzanne et mon frère; moi, si proche de mon terme, et Cladie retenue chez elle, condamnée pour un temps à l'immobilité.

Je vous ai dit, je crois, que notre éminent ami, le docteur Amard, avait cessé d'habiter Lyon, vers le même temps que mes parents. Il s'était fixé à Paris et n'exerçait plus la médecine. De hautes études de philosophie absorbaient son temps. Il en trouva pourtant de jour et de nuit pour prodiguer ses soins à mon père; tout se réunissait en lui, science, expérience, coup-d'œil. Malgré sa supériorité, — ou pour mieux dire à cause de sa supériorité, — il insista pour qu'on appelât des conseils, lorsque cette maladie prit un caractère plus grave. Une consultation eut lieu, composée de MM. Broussais, Husson, Cartrat, Marc, médecins du duc d'Orléans, et M. Amard. Après que ce dernier eut rendu compte de la maladie, sans indiquer aucun remède, il laissa ses confrères écrire un traitement, qui se trouva mot pour mot celui qu'il avait fait suivre. M. Broussais se devait à lui-même de proposer les sangsues; il n'y manqua pas, en conseilla vingt, ajoutant cependant qu'il n'y tenait pas rigoureusement. A quoi M. Husson s'opposa, vu l'âge de mon père, la faiblesse de son pouls, etc. Broussais n'insista pas.

Ma chère Régine naquit dix-huit mois après son frère. Elle fut tenue au baptême par ma belle-mère, qui lui donna ses noms : Eve-Louise-Régine. Elle fut une Louise pendant un mois; puis elle devint une Régine et l'est toujours restée (1).

Mes parents s'éloignèrent peu de Paris, cette année, dans la belle saison; ils firent seulement, pour distraire Suzanne, quelques excursions ça et

(1) Voir *Lettres et notes*, p. 226, note 11.

là ; puis, à La Grange, un séjour qui leur fut bien agréable [1].

Le général de Lafayette habitait, une grande partie de l'année, le château de La Grange, qui était venu à Mme de Lafayette dans sa part de l'héritage de Mme la duchesse d'Ayen, sa mère. C'est un manoir féodal aux tours crénelées dont l'imposante immobilité a défié plus d'un siège. D'intéressants souvenirs se rattachaient à ce lieu. Des hôtes célèbres l'ont successivement habité. La renommée de M. de Lafayette y attirait alors des visiteurs venus des deux mondes. Rien de plus cordial et de plus aimable que son accueil. Ses façons avaient l'élégance et la grâce d'un grand seigneur, avec une simplicité parfaite. L'hospitalité qu'on trouvait chez lui était des plus larges, mais sans ombre de faste. Mes parents y furent souvent invités et Suzanne se lia d'amitié avec les petites-filles du général, du même âge qu'elle.

De son mariage avec Mlle d'Ayen, M. de Lafayette avait eu un fils : Georges, marié à Mlle de Tracy, et deux filles, la comtesse de la Tour-Maubourg et la marquise de Lasteyrie. M. Georges de Lafayette avait cinq enfants ;

---

[1] La Grange-Bleneau, près Rosoy, en Brie, appartient aujourd'hui au marquis de Lasteyrie, arrière petit-fils du général de Lafayette.

Mme de la Tour-Maubourg avait trois filles; Mme de Lasteyrie trois filles et un fils. Enfants, petits-enfants, gendres, belle-fille se groupaient habituellement à La Grange. Dans sa famille, M. de Lafayette était adoré; tous, grands et petits, avaient pour lui un véritable culte. Le temps, qui efface tout, a respecté des sentiments si profonds; ils subsistent toujours et se transmettent d'une génération à l'autre.

Plusieurs des jeunes hôtes de La Grange se lièrent avec mon frère d'une durable amitié; ainsi, les deux Scheffer, Ary et Arnold, Augustin Thierry, Daniel O'Connor, le beau Léonel de Laubespin (1), — celui-ci neveu de Mme Georges de Lafayette par sa mère, une Tracy, — sans oublier Charles de Rémusat, Hector de Perron, Maurice de Pusy et Gustave de Beaumont, qui tous les quatre devinrent, par leur mariage, petits-fils du général. Comme aussi le devint mon frère, en 1831, après qu'il eut épousé Mélanie de Lasteyrie. M. Charles de Rémusat épousa, vers 1828, Mlle Pauline de Lasteyrie, brillante de beauté et d'esprit. Hector de Perron obtint la main de Mlle Louise de la Tour-Maubourg et bientôt, devenu veuf, épousa, en secondes noces, Mlle Jenny de la Tour-Mau-

(1) Le comte Léonel de Laubespin entra en 1829 à l'École polytechnique; il servit pendant vingt et un an, capitaine aide de camp du maréchal Vallé. Il a été élu sénateur de la Nièvre en 1890.

bourg, sa belle-sœur. Les trois filles de M. et de Mme Georges de Lafayette furent mariées : Nathalie à M. Adolphe Perrier, Mathilde à M. Maurice de Pussy, Clémentine à M. Gustave de Beaumont.

Le jeune Auguste de Morny venait beaucoup à La Grange, amené par le général Carbonnel, qui avait été aide de camp et chef d'état-major du général de Lafayette. La reine Hortense avait donné M. Carbonnel pour mentor au jeune Auguste ; celui-ci, spirituel, élégant et gracieux, plaisait beaucoup à La Grange. La légende sur sa naissance le disait enfant de M. et Mme de Morny, l'un et l'autre amis de Mme de Souza, — en premières noces Mme de Flahaut. On racontait que Mme de Morny, qui se trouvait dans un état de grossesse avancée, serait allée en Amérique en 1812 avec son mari. Les couches de Mme de Morny auraient eu lieu en pleine mer. Personne ne connaissait M. ni Mme de Morny, ils semblent avoir été des personnages fictifs. Toujours est-il que Auguste de Morny fut élevé en France par Mme de Souza, qu'il appelait ostensiblement sa grand'mère, tandis que M. de Flahaut vivait en Angleterre avec sa femme, la comtesse de Flahaut.

Méry, poète et romancier, alors à ses débuts, présenté à La Grange pendant un séjour qu'y firent mes parents, remarqua beaucoup Suzanne.

Elle lui inspira les vers que voici :

Corcelle, avec orgueil on relit tes discours;
La gloire te salue, défenseur de la France.
Mais, pour la liberté que sert ton éloquence,
Puisqu'en voyant ta fille on la perd pour toujours.

ACROSTICHE SUR LE NOM DE SUZANNE

S ous nos yeux règne une jeune beauté,
U nissant tout en elle, esprit, grâce, naissance,
S avoir, charme, talents, séduisante gaieté,
A imant avec les arts, et la gloire et la France.
N e croyez pas que là le ciel en soit resté.
N on, il lui réservait une faveur plus chère,
E lle est toute Corcelle, et Corcelle est son père!

Un matin, dans le mois de mars, pendant que Cladie était à déjeuner avec son mari (Suzanne se trouvait là, venue pour passer la journée), on amena près de la table le petit Albert [1], sur une de ces petites chaises hautes qu'ont les enfants. Il était beau comme le jour, aimable, souriant, quand tout à coup, il se tourne vers sa mère, s'élance et, dans la rapidité de son mouvement, se trouve assis sur un des bras de la chaise. Il est trop tard pour le retenir; la chaise glisse sur le pavé en dalles; l'enfant tombe, la tête porte la première. On le releva, le visage blanc comme s'il eut été mort, les lèvres noires. Le malheur

(1) Premier enfant du baron et de la baronne de Schonen.

voulut que le médecin ordonna tout d'abord qu'on le couvrit de sangsues. Après les premiers jours d'effroi, il parut se rétablir; ce ne fut que beaucoup plus tard qu'on aperçut qu'il avait une lésion interne à la tête. Elle se serait guérie seule, si on avait laissé la nature agir, au lieu d'exténuer ses forces. Le système du trop fameux Broussais, les sangsues, la saignée, a décimé toute une génération. Cladie était bien à plaindre, et moi, retenue au Bois Roussel, bien affligée de ne pouvoir être auprès d'elle. Dans un de ces intervalles où l'enfant semblait en voie de se guérir, ma mère vint me voir avec Suzanne. Elles étaient à peine arrivées que nous vîmes renaître nos inquiétudes.

Nous fîmes, dans le courant de l'été (1826), un voyage qui me tenait bien au cœur. Mon mari voulait connaître tous nos bons parents de Lyon; nous avions avec nous nos trois enfants et commençâmes par une station à Corcelle, puis à La Duchère, Marcilly et la Sidoine. Je craignais que les habitudes presque monastiques de cette dernière maison ne fussent un peu étranges pour mon mari; mais, au contraire, il s'y plut extrêmement. Ce temps consacré à ma famille fut très heureux. La santé de mon mari était parfaite, condition de bonheur, que j'avais souvent le chagrin de voir menacée.

Certainement, l'attrait qui avait touché votre père à la Sidoine était tout entier dans la personne de la chère sœur de ma mère. Partout nous avions été reçus avec un grand empressement. Marcilly où étaient réunis nos parents et mon oncle, La Duchère, très habitée, près de Lyon, avaient offert plus d'intérêts et de distractions. A la Sidoine, la suavité de l'accueil était tout. Mais il témoignait un tel bonheur de posséder de chers hôtes, que ce bonheur était communicatif; à tous moments, une tendre attention attirait près d'elle, et en même temps, elle donnait pleine liberté de lui dérober des journées entières, sans qu'elle en eut un autre sentiment que celui de la satisfaction, si l'on s'était amusé. Ainsi sur deux haridelles de louage, Suzanne qui nous avait accompagnés, entrepris de conduire mon mari à travers les montagnes voisines; ces excursions lui plurent beaucoup et à ma tante tout autant. Chère tante! sa bonne grâce à notre endroit était la suite de toute sa vie, toujours toute occupée du bonheur d'autrui, ne se comptant pour rien; aussi sa charité portait deux cachets, l'un de tendresse, l'autre d'humilité. Autant elle aimait à donner, ne refusant aucun secours, autant elle avait d'industrie pour cacher sa main, aimant à éviter la reconnaissance, préférant être aimée sans obligations.

Après une longue vie, admirablement remplie, il semble étonnant qu'elle redoutât la rigueur des jugements de Dieu. Et pourtant, il est vrai qu'elle était habituellement tourmentée de cette frayeur.

La bonté de Dieu l'en délivra dans sa dernière maladie, et il l'appela à lui dans les sentiments d'une humble et douce confiance.

Ma mère et Cladie avaient passé plusieurs semaines à la Sidoine, avant la visite que nous y fîmes. Ma pauvre sœur cherchait partout des secours pour son enfant. D'abord à la Sidoine, près du docteur Timécourt, médecin à Trévoux; puis à Lyon, où elle alla s'établir, espérant en un célèbre docteur de la ville, M. Montain. Mon oncle de Varax ne put souffrir de la voir demeurer à l'hôtel; il vint l'enlever et l'installa près de lui, à la Duchère, où, pendant deux mois, la pauvre mère fut aidée et soutenue le plus tendrement (1). Cladie perdit son Albert à la fin de novembre. Ce fut à la Duchère qu'il succomba. Pendant les six dernières semaines, elle le tint jour et nuit dans ses bras, entre la vie et la mort, bien qu'elle approchât du terme d'une seconde grossesse. Si l'on ne savait pas ce que peut la désolation d'une mère, on ne comprendrait pas comment ses forces ne la trahirent pas.

J'avais déjà trois enfants, lorsque mon petit Antoine vint au monde, en 1827 (14 août). Il eut pour parrain mon beau-frère Toni et pour marraine ma tante de Guichard. J'entrepris de le nourrir comme j'avais fait pour Hélène, Pierre et

(1) Voir *Lettres et notes*, p. 226, note 12.

Régine. C'était la première fois, qu'à la naissance d'un de mes enfants, ma chère maman n'était pas présente; la promptitude de cette arrivée fut une sorte de surprise; elle devança de beaucoup notre attente (1).

Peu après la naissance de mon enfant, j'étais à peine rétablie, quand la santé de mon mari me jeta dans une inquiétude mortelle. Pendant plusieurs jours, il fut à l'extrémité. Presqu'en même temps, Pierre faillit nous être enlevé par une fluxion de poitrine; il avait trois ans et demi. Lherminier le sauva. Il prit la responsabilité d'ordonner une saignée. Nous avions toute confiance en lui et ne pouvions que le laisser agir, mais avec quelle angoisse? Moi-même, je fus bien malade; je perdis mon pauvre enfant (2). Nous allâmes nous refaire chez mon beau-père, au bois Roussel. J'y passai l'hiver (3).

C'est au Bois Roussel que nous reçûmes la nouvelle de la mort de notre grand'mère (1er février 1828). Elle s'était blessée fortement à la tête, dans une affreuse chute qu'elle avait faite l'été précédent. Jamais on n'avait eu l'espoir qu'elle eût pu

---

(1) Voir *Lettres et notes*, p. 227, notes 13 et 14.

(2) L'enfant ne put résister au contre-coup des émotions qu'avait eues sa mère. Elle-même courut risque d'en mourir, le lait monta à la tête; il lui resta, de cette maladie, de cruelles migraines et des névralgies qui ne cédèrent qu'au bout de longues années. (Note de Mme de Barberey.)

(3) Voir *Lettres et notes*, pp. 228 et 229, notes 15 à 17.

s'en remettre. Elle s'éteignait âgée de quatre-vingts ans. Son esprit était encore vivant et affectueux : il resta tel jusqu'à la fin. Elle ne se faisait pas d'illusions et attendait la mort avec la sécurité d'une vie dévouée au bien et presqu'avec le contentement d'une délivrance.

Ma grand'mère avait pris part à notre bonheur de la naissance d'Antoine ; peu après à notre douleur. Elle s'intéressait au projet d'un mariage pour Suzanne (1). Le deuil de nos parents fit qu'on l'ajourna autant qu'on put ; mais le jeune prétendant à la main de ma sœur fut ingénieux à trouver des raisons décisives pour abréger les délais. Il était fixé au Havre, retenu par ses affaires, et se trouvait ainsi aussi loin par la durée du trajet que de nos jours les habitants de Marseille sont loin de Paris ; par dessus tout, il était passionnément épris.

M. Paul Etesse était armateur, associé au capitaine de vaisseau Baudin, qui plus tard devint amiral. M. Baudin, compromis comme bonapartiste en 1815, avait quitté la marine pour une haute industrie et fondé une maison au Havre. Quant à M. Etesse, d'opinions assez indépendantes, Breton de naissance et de caractère, il avait mieux aimé s'engager dans les affaires que suivre une carrière qui ne lui eût pas laissé une entière liberté. Il était intelligent, instruit, de physionomie vive et

(1) Voir *Lettres et notes*, p. 229, note 18.

ouverte. Du côté de la naissance, ce qu'il pouvait offrir ne laissait rien à désirer : sa famille remontait jusqu'à du Guesclin ! Quelle est la famille bretonne qui ne remonte pas au bon connétable?... Tiphaine, cependant, ne fut jamais mère [1], mais nous avons les branches collatérales.

Les électeurs de Paris avaient six députés à nommer, au mois d'avril 1822, afin de pourvoir aux sièges vacants par suite d'annulations ou de nominations doubles. Mon père fut élu par le quatrième collège électoral ; il remplaça M. Benjamin Constant, qui, ayant été nommé à la fois à Paris et à Strasbourg, avait opté pour Strasbourg. L'opposition constitutionnelle triompha dans six collèges de Paris et dans la plupart des collèges de la province.

Le mariage de Suzanne se fit à la fin d'avril. Je revins à Paris pour y assister. Jamais union ne se forma sous de plus heureux auspices et ne tint mieux, pendant sa trop courte durée, les promesses du bonheur qu'on prévoyait.

J'attendais la naissance de mon cinquième enfant. Nous avions peur d'un nouveau malheur si je restais à la ville. Mon mari m'installa de nouveau au Bois Roussel. Pour lui, il allait et venait, emmenant l'un ou l'autre de nos enfants, ne voulant pas être sevré de toute joie paternelle. Ses

(1) Non plus que Jeanne de Laval, seconde femme de du Guesclin.

séjours se prolongeaient à Paris près de sa mère qui n'avait plus qu'une vie désolée depuis qu'elle avait perdu sa fille. Cinq ans s'étaient écoulés et la douleur de cette pauvre mère restait toujours la même, d'autant plus irrémédiable qu'elle se refusait à ce qui fait la consolation des cœurs déchirés comme était le sien. Jamais elle ne put se résoudre à voir son petit-fils, votre cher cousin, Napoléon Gourgaud. Loin de chercher à retrouver en lui l'image de la mère qu'il avait perdue, elle se détournait de l'enfant dont la naissance lui avait arraché ce qu'elle avait de plus cher au monde.

Mon père et ma mère passèrent la fin du printemps au Havre. Ils avaient emmené ma petite Hélène avec eux. Malgré le chagrin de la séparation, j'étais heureuse de la savoir sous l'aile de ma mère, entourée de soins si éclairés et si tendres.

Un malheur pareil à celui qui l'avait frappée l'automne précédent menaçait la pauvre Cladie. La maladie d'Albert, son second et unique fils, rappela ma mère à Paris (1).

Suzanne avait le désir de ne pas achever l'année sans faire connaître son mari à ceux de nos parents qui ne l'avaient pas encore vu. Maintenant que les communications sont devenues si faciles, on n'imagine pas ce qu'était alors la fatigue de

---

(1) Voir *Lettres et notes*, pp. 230 et 231, notes 19 et 20.

franchir la distance entre le Havre et Lyon. Mais la santé de Suzanne était si bonne que ses espérances de maternité ne parurent pas un motif pour la retenir. Ma mère l'accompagna jusqu'à Marcilly où Paul ne tarda pas à la rejoindre.

Vers la fin de cette année, que je passai toute entière au Bois Roussel, M. Roederer alla se fixer à Matignon, dans tout l'entrain d'un établissement nouvellement créé. Sa présence était un vrai bonheur pour moi, et pour vous chers enfants. Je suis heureuse d'avoir à revenir avec vous sur toutes les bontés dont vous avez été l'objet.

M. Roederer avait l'aspect imposant, je dirais volontiers intimidant. Quand j'avais été quelque temps loin de lui, j'éprouvais toujours un mouvement de timidité en le retrouvant, malgré l'assurance intime que j'avais de sa bienveillance pour moi, et même de son affection [1]. Il aimait à n'être pas craint de vous. Régine, qui allait se pendre à son manteau et suivre ses pas à la promenade, lui plaisait par cette confiance. Il vous faisait causer et plaisantait avec vous, étant fort gai au fond de sa gravité. Indulgent et paternel tel qu'il était avec vous, il s'est peint lui-même dans son petit proverbe, *les charmes de la campagne*, composé pour le théâtre du Bois Roussel. Le personnage de la baronne, qui n'est autre que ma

---

[1] Voir *Lettres et notes*, p. 231, note 21.

belle-sœur, dit en parlant de votre grand-père, ce qu'à mon tour, j'aurais pu dire quelques années plus tard. La lettre que la baronne écrit dans ce proverbe est datée du Bois Roussel : « J'ai un grand plaisir ici : c'est de voir la satisfaction que notre séjour cause à mon beau-père. Il aime beaucoup mes enfants ; rien de ce qui vient d'eux ne l'importune, ni le bruit, ni les demandes, ni les volontés ; ils rient, ils crient, ils chantent tant qu'ils veulent, dans le salon, sous ses fenêtres, cela est égal. Il ne s'est jamais plaint qu'ils l'interrompissent, quoiqu'il travaille habituellement et sérieusement jusque vers le dîner... Tout ce qui m'entoure me met en sécurité pour ce qui regarde mes enfants. Ils peuvent aller, venir, courir, s'éloigner, sans que je voie un seul danger pour eux ; toujours de l'herbe et des fleurs sous leurs pieds. Qu'ils courent, c'est sur des fleurs ; qu'ils s'asseyent, c'est sur des fleurs ; qu'ils tombent, c'est sur des fleurs ; cette sécurité là n'est pas indifférente... »

L'esprit de M. Roederer, qui embrassait tout, avait sur l'éducation des enfants des idées très réfléchies, très arrêtées. Il les exprimait sans les imposer. En 1793, pendant la Terreur, sous le coup d'un mandat d'arrêt, caché dans une profonde retraite, il avait eut l'inspiration, assez originale, vu la situation, d'écrire *les Conseils d'une mère à ses filles*. Ce charmant opuscule est plein de raison et de grâce. Il y a déguisé son nom, empruntant par fiction le ton et le langage d'une femme.

Dès les débuts, s'y manifeste son opinion qu'il faut craindre d'inspirer aux jeunes filles un goût trop prononcé pour la lecture.

Les livres, écrit-il, ne sont pas nécessaires pour former la raison. Je me garde bien de prononcer qu'ils sont nuisibles et je pense que le concours de la lecture et la conversation est le comble des avantages qu'il est possible de procurer à l'esprit pour l'aider. Réfléchir, observer, voilà l'objet de la raison. Le reste n'est que facilité. « Quand il voyait Hélène, dès sa plus petite enfance, dévorant ses livres : *N'en faites pas une liseuse*, me disait-il. *Qu'elle aille à la ferme! Faites-lui donc apprendre à ourler les torchons! Elle apprendra tout ce que vous voudrez plus tard.* »

Il ne pouvait supporter les flatteries pour les enfants. Peut-être, élevés à son école, avez-vous trop peu connu les compliments qui vous auraient encouragés dans vos petits succès. Jamais prix obtenus, premières places, médailles d'honneur n'ont été proclamés en famille. A peine si on les mentionnait.

Il n'entendait pas que vous fussiez gourmands; pas davantage que vous eussiez l'air de vous occuper de ce qu'on servait. « *C'est bon, c'est très bon*, fort bien si on le pensait; mais inutile de le dire. Encore moins, *c'est mauvais!* » De même, dans un ordre d'idée plus élevé, avec plus de portée, il ne pouvait tolérer ces mots : *c'est ennuyeux*! Il avait une façon de vous regarder dans les yeux : *quéque ça veut dire, ennuyeux? Quéque ça fait, si c'est ennuyeux? Du moment qu'il faut le faire, on n'a pas à s'occuper si c'est amusant ou si c'est ennuyeux.*

Au repas, tout vous était offert. Au dessert, un seul plat. Et pas de dessert du tout pour celui qui avait laissé d'un mets sur son assiette. *C'est caprice de laisser d'un mets ; ou bien c'est que l'on n'a plus faim.* A partir de là, les plats avaient beau défiler : les pièces montées, les entremets, réveiller les appétits, exciter les convoitises, cela passait sous les yeux du présumé capricieux ou friand. L'exemple de votre grand-père prêchait; il était la sobriété même. Je ne l'ai jamais vu boire de vin (1). Attentif cependant à offrir à ses convives une chère recherchée, les grands et beaux dîners chez lui se succédaient. Il y présidait, y prenant à peine part. Son *Alt*, le chef de cuisine, était un artiste. Dans l'occasion, il le guidait. Hélène a souvenir d'avoir entendu son grand-père définir la façon de faire un velouté. Une sauce apparemment, car sa main en l'air, accompagnant ses paroles d'un mouvement élégant, formait le cercle.

---

(1) Voir *Lettres et notes*, p. 231, note 22.

Ce titre, *un velouté*, offrait à l'imagination de sa petite-fille quelque chose d'incomparable.

A Metz, chez ses parents, il avait été élevé dans un intérieur où l'on gardait, dans toute sa rigueur, les mœurs simples et austères de l'ancienne magistrature. Chez son beau-père, à Francfort, il avait vécu au milieu des raffinements du luxe. Là, une table d'un soin particulier, depuis le chocolat qu'on préparait dans les offices, l'amande pilée, réduite en pâte, au mortier, et le café qu'on n'eut pas servi si les grains n'eussent été grillés à découvert, sur des plaques de fonte, l'instant même avant de les moudre et d'y verser l'eau.

Les recherches et le luxe ont un caractère bien distinct de l'abondance; même il n'est pas rare qu'ils ne nuisent à celle-ci. Leur alliance ne laissait rien à désirer chez Antoine de Guaita, ce digne beau-père; ses amis venaient à sa table sans s'annoncer. Le nombre de trente couverts parfois ne suffisait pas; on dressait alors des tables dans les pièces environnantes; et la facilité avec laquelle ce service s'accomplissait, mettant chacun à l'aise, montrait assez que ce n'était pas une rareté.

La cave de M. de Guaita était renommée. Votre oncle Toni avait une anecdote qui montrait qu'elle méritait de l'être. Il était allé, encore enfant, avec sa mère, passer un mois chez son grand-père, à Francfort. Un parent de M. Roederer les accompagnait. M. de Guaita fit servir à son hôte du vin du Rhin, que celui-ci ayant trouvé fort à son goût, ordre fut donné qu'on lui en offrit tous les jours. A chacun de ses repas, il en buvait une bouteille. Quand il quitta l'hospitalière maison, pour faire politesse et montrer comme il avait bien apprécié cette agréable boisson, légère, mousseuse, une manière de tisane de Champagne, j'imagine, « ne pourriez-vous pas, disait-il à M. de Guaita, m'en faire avoir une barrique? — Très volontiers. » Puis, après réflexion : « Vous en savez le prix? — Non, je l'ignore. — Il coûte un louis la bouteille. — Eh! quoi, Monsieur, je vous ai coûté deux louis par jour? Je suis confus! — Et moi, je suis charmé et regrette votre départ, qui va m'ôter le plaisir que j'avais. »

Un beau chapitre de ce petit opuscule : *Conseils d'une mère à ses filles*, est celui qui a pour titre *De la bienfaisance et de l'économie* (1). Les principes que vous y trouverez auront d'autant plus de prix à vos yeux que vous saurez qu'ils ont guidé votre grand-père pendant toute sa vie. Le nombre est grand de ceux qui peuvent en témoigner. On ne mettra jamais en oubli le bien qu'il répandit dans le pays, autour du Bois Roussel. Chaque année, c'étaient de nouvelles plantations, de nouveaux embellissements ou bien de pures transformations, imaginées dans l'unique dessein de fournir

---

(1) Voir *Lettres et notes*, p. 231, note 23.

du travail. Le régisseur avait reçu l'ordre, une fois pour toutes, d'envoyer à l'ouvrage quiconque venait s'offrir : Adolescent, vieillard, infirme, estropié, n'importe qui se présentait, on lui donnait à s'occuper. Si M. Roederer se trouvait là, il demandait simplement à l'arrivant : « As-tu une bêche ? »

Dans les *Conseils d'une mère à ses filles*, M. Roederer n'a eu garde d'oublier le chapitre de la parure (1). Il y dit de si jolies choses, justes, vraies, que je veux vous en citer quelques-unes, Vous les trouverez in-extenso dans le huitième volume de ses œuvres, publiées par les soins de votre oncle Toni. Leur place est toute modeste dans ce vaste ensemble où se révèle, tour à tour, l'homme d'Etat, le savant, l'historien, le littérateur. Cette édition en huit volume in-quarto, le texte sur deux colonnes, ne fut tirée qu'à deux cents exemplaires. Le baron Roederer, votre oncle, se donna le luxe, un très grand luxe, de les distribuer comme il lui convint, sans permettre qu'un seul de ces volumes fut vendu. Passionné pour la mémoire de son père, lui-même esprit fort distingué, auteur de plusieurs écrits, il consacra dix années à cette publication, « dix précieuses années, a-t-il écrit, qui ont été pour moi une seconde vie. J'y ai eu le bonheur d'avoir pu

(1) Voir *Lettres et notes*, p. 233, note 24.

rendre un solennel hommage à la mémoire de mon père. Je l'ai revu dans tout l'éclat de son esprit, de sa forte raison, dans toute sa grâce, et je dois dire cette aimable gaieté, si facile à faire éclater, même à travers le sérieux des hautes affaires. J'ai pu jouir, aussi bien que jamais, de sa conversation si charmante, si animée, si nourrie, si variée et si ornée, si forte et si puissante tout à la fois... Je me suis retrouvé avec lui dans toutes les circonstances de mon existence et de la sienne, depuis mon enfance jusqu'à notre vieillesse, époque à laquelle les âges se confondent et où s'établit une confiance intime, quasi fraternelle, quasi familière, qui résume deux vies passées ensemble dans les plus douces relations de protection, de soins tendres, d'avis salutaires, de directions prudentes, prévoyantes, d'un côté, et de déférences tendres, respectueuses et reconnaissantes, de l'autre. »

Bois Roussel est si près de Matignon que je pouvais, tous les soirs, après avoir vu s'endormir mes enfants, finir ma journée près de mon beau-père. Il me lisait ses compositions (1) ; ou bien, je lui lisais les ouvrages du temps qu'il avait à consulter. Ainsi, quand il écrivit *La Société polie*, ce chef-d'œuvre de grâce, de goût, d'observation ingénieuse, il eut à lire, souvent en entier, une

(1) Voir *Lettres et notes*, p. 233, note 25.

quantité d'ouvrages auxquels je pris un intérêt égal au sien. Les mémoires de Mme de Motteville, de Bassompierre, de Bussy, les souvenirs de Mme de Caylus, les lettres de Mme de Sévigné, de Voiture, de Mlle de Scudéry. L'Astrée de d'Urfé, le journal de l'Etoile, etc., etc.

Il prenait des notes, faisait ses remarques, accueillant les miennes. Nos relations étaient vraiment charmantes, et je n'avais pas l'idée d'être intimidée. Il y avait tout à profiter avec cet esprit supérieur. Personne ne savait tant et ne savait mieux faire comprendre les choses difficiles. Il aimait à professer; et moi, à écouter. Quand il quittait le terrain de l'histoire pour s'élever vers les hauteurs de la pensée, il me disait bien quelque fois : « Vous avez l'air de comprendre. Les femmes ont l'intelligence du galimatias, dit Saint-Lambert, mais vous n'y entendez rien. » — C'est égal, il allait toujours, et j'ai une grande reconnaissance de ses constantes bontés.

Claude vint au monde au Bois Roussel le 14 avril 1829 (1). Il porte le nom de son parrain, mon bon oncle de Marcilly; sa marraine fut ma tante Guichard. Je nourris mon enfant, comme j'avais fait pour ses aînés.

La pauvre petite Hélène de ma sœur Cladie (2)

---

(1) Voir *Lettres et notes*, p. 234, note 26.
(2) Voir *Lettres et notes*, p. 234, note 27.

fut une victime de la médecine Broussais. Ses enfants sont tous nés les plus beaux du monde, les mieux constitués pour vivre et s'élever. Quand ma mère quitta Paris, elle avait laissé cette petite que ma sœur nourrissait, forte et belle à ravir, avec une légère enflure au bras, qui lui était survenue après la vaccine. C'est cruel à dire, mais ce n'est pas douteux, elle fut tuée, comme assassinée, après que le médecin eut fait appliquer à ce petit bras d'enfant les funestes sangsues. L'enflure augmenta et l'inflammation tourna en un érésypèle, qui amena le fatal dénouement.

Dès les premiers mois de cette année (1830), ceux qui participaient à la vie politique du pays et, entre tous, les députés à la chambre législative, entrèrent dans une période d'agitation. L'opposition au ministère du prince de Polignac ([1]) s'accentuait de plus en plus ; les signes de malaise et de mécontentement se multipliaient, la presse était déchaînée. Le 2 mars, le roi Charles X ouvrait la session par des paroles sévères qui laissaient pressentir des mesures de rigueur. La chambre répondait par une adresse demeurée célèbre, dans laquelle les députés, après avoir protesté de leur fidélité au Roi, déclaraient que *l'accord entre le gouvernement et les vœux du pays*

([1]) Le ministère présidé par le prince de Polignac datait du 8 août 1829 ; il avait été formé après que le ministère Martignac eut offert sa démission au Roi.

n'existait plus. Cette adresse fut votée par une majorité de 221 voix contre 180. Mon père et M. de Schonen furent du nombre des votants.

Mécontent de la chambre, le Roi la prorogea de six moix. Peu après (19 mars), il en prononça la dissolution. L'ouverture de la cession nouvelle fut fixée aux premiers jours d'août.

Ma sœur Cladie, après la désolante perte de ses premiers enfants, reçut au printemps (29 mars 1830) un fils, qu'elle voulut encore appeler Albert, du nom de ses deux aînés. Elle me confia celui-ci, dès sa naissance. Elle espérait que l'air de la campagne conjurerait un nouveau malheur. En effet, mon cher neveu s'éleva parfaitement [1]. Nous lui trouvâmes à Essay, pour nourrice, une brave femme, une gaillarde; vraie bourguignonne de caractère, plutôt que normande, toujours bien aise et contente, avec de l'esprit, forte en réparties. Elle s'appelait *La Villaine*, du nom de son mari, Pierre Le Villain, tourné au féminin. Aussi bien se fut-elle appelée La Belle, si son mari eût été Pierre Le Beau : ainsi le veut la coutume de Normandie. Avec sa face réjouie, sans être déplaisante, comme elle était franchement laide, son nom lui allait bien.

Les élections générales furent faites dans le courant des mois de juin et juillet. La réponse

---

(1) Voir *Lettres et notes*, p. 236, note 28.

que donna le pays au gouvernement qui le consultait accentua leur désaccord. Non seulement les 221 votants de l'adresse furent réélus, mais ils reçurent un renfort considérable de députés nouveaux, choisis parmi les candidats du parti de l'opposition. A Paris, les électeurs du quatrième collège électoral donnèrent de nouveau leurs voix à mon père et à M. de Schonen.

Le cher oncle de Marcilly avait formé le projet de passer hors de chez lui une partie de l'été, pour venir nous voir tous à loisir. Après avoir donné quelque temps à Paris, il vint au Bois Roussel ; ma mère était avec lui. Ce lieu lui plut. Il trouvait de la beauté à ce paysage si différent de ceux de nos pays du midi. Mon père était à Matignon ; il prit sa part de cette bonne visite. Mon oncle et lui se trouvaient réciproquement fort aimables et distingués. Pour moi, j'étais dans le bonheur. Le bon oncle me quitta pour aller chez Suzanne, voulant, disait-il, *connaître tous nos nids*.

Nous nous trouvâmes, vers la fin de juillet, toutes réunies au Havre. Cladie et moi y passâmes trois jours, après lesquels nous revînmes ensemble au Bois Roussel, où j'avais laissé mes quatre enfants.

M. Roederer avait un médecin à la campagne, pas trop près de lui, à trois lieues. M. Lesueur, une de ces personnalités, peu rares autrefois, maintenant disparues. Sous des dehors rustiques, cet ami du Bois Roussel avait beaucoup de science et de capacité. Simple médecin, pas docteur, il vivait à Séez, chez son frère, plus âgé que lui, soigné des siens comme un bon oncle. Au moindre de nos appels, on le voyait accourir au trot de son petit cheval à courte queue. Un manteau de gros drap vert, à trois collets, l'enveloppait de la tête aux pieds; des *houzeaux* protégeaient ses mollets contre l'injure des chemins boueux; un chapeau à larges bords complétait le costume. Il était de petite taille, carré, robuste; les cheveux gris, coupés ras; la physionomie franche, volontiers hardie, le nez un peu en l'air, les yeux pleins d'esprit, la parole brève et nette. M. Roederer le goûtait beaucoup pour ses réparties, souvent caustiques, et l'indépendance de ses idées. Il avait toute confiance en ses soins. Ce qui fut bien justifié, lors d'une maladie des plus graves qu'il fit au Bois Roussel. Le célèbre Lherminier, accouru de Paris, ne put qu'approuver le traitement prescrit par le médecin de campagne.

C'est au Bois Roussel qu'un après-midi M. Lesueur, venant de Séez pour une visite, nous annonça qu'on se battait à Paris. M. de Schonen y était et Cladie, que ses craintes éclairaient, ne douta pas qu'il ne dut être au plus fort du mouvement. Elle part, oppressée de la plus vive anxiété, trouve au Mesle une place à prendre dans la malle-poste venant de Brest et tombe, le 28 juillet, à Paris, en pleine guerre civile. Pour arriver jusqu'à sa maison, rue du Colysée, elle passa au milieu des morts, des blessés et des barricades. Heureusement, M. de Schonen était sauf. Elle le sut le soir, seulement, lorsqu'il rentra. Il était furieux de son arrivée, qu'il pardonna cependant. Ce sont là des fautes qui méritent le pardon [1].

Mon père, ma mère et Francisque étaient avec mon oncle de Marcilly, encore au Havre, quand éclata cette révolution de juillet. Mon père, avec mon frère, partit immédiatement pour Paris et se réunit aux cent vingt-un députés qui mirent le duc d'Orléans à la tête du gouvernement. La révolution avait eu contre-coup sur toutes les affaires. Paul Etesse le ressentit et fut obligé de partir pour la Guadeloupe, afin de hâter des rentrées nécessaires et devenues difficiles. Nous n'eûmes tous, alors, qu'à faire assaut de tendresse pour aider notre chère Suzanne à supporter l'épreuve de cette séparation. Après le séjour qu'elle fit d'abord au Bois Roussel, mes parents demandèrent à l'avoir près d'eux. Elle fut installée chez eux, rue de la Ville-l'Evêque, où elle passa son hiver, ses enfants avec elle.

---

(1) Voir *Lettres et notes*, pp. 236 à 241, notes 29 à 38.

Le mariage de Francisque se décida au commencement de l'été 1831 ([1]). Il épousait Mlle Mélanie de Lasteyrie. Peu de jours avant le mariage de mon frère, j'étais venue à Paris pour faire la connaissance de notre chère Mélanie ; Suzanne était liée d'amitié avec elle et ses aimables sœurs et cousines : Pauline et Octavie de Lasteyrie, Nathalie, Mathilde et Clémentine de Lafayette, mais c'est à peine si je les avais entrevues. L'intimité entre nos deux familles s'était formée depuis que j'étais mariée, et les naissances si rapprochées de mes enfants, nos séjours à la campagne, nos deuils, par dessus tout mes soucis pour la santé de mon mari, ne me permettaient guère de quitter mon intérieur. Je ne pus assister au mariage, à cause de mes petits enfants, que j'avais laissés au Bois Roussel. Mon mari seul y assista, avec Hélène. Je me consolai en attendant les nouveaux mariés, qui passèrent près de moi une partie de leur lune de miel. Ces moments me furent très agréables. Mon beau-père fit beaucoup de frais pour ma belle-sœur ; il y eut bal à Matignon, dîner, comédie. J'étais heureuse de voir le bonheur de mon frère assuré et la maison paternelle rajeunie par la présence de cette nouvelle fille.

Le pauvre Paul Etesse était aussi à Bois Roussel et se préparait à un nouveau sacrifice. Il avait

([1]) Voir *Lettres et notes*, pp. 241 à 243, notes 39 à 41.

à recueillir les nombreuses créances des colonies, dont la rentrée aurait comblé, et au delà, toutes ses pertes. Pour cela, il fallait aller soi-même à l'île Bourbon, continuer les démarches faites à la Guadeloupe. Il y alla, en effet, y porta tout son zèle et son intelligence, mais ses forces le trahirent. A peine arrivé, il mourut à Bourbon d'une fièvre cérébrale.

Ma cousine et amie d'enfance, Agarite de Varax, vint à Paris, à la fin du mois de janvier, visiter sa sœur Louise, au couvent du Sacré-Cœur. Louise était mourante. C'est alors que j'admirai la sainteté de ma cousine. Elle avait laissé son père fort languissant, il l'était toujours depuis la mort de son fils Jules, Agarite avait hâte de retourner auprès de lui. Elle vint me faire ses adieux. Louise va donc mieux, lui disai-je ? Jamais je n'oublierai l'expression séraphique qu'elle eut en me répondant : Nous nous sommes dit adieu. Mon père a besoin de moi. Louise mourut le même soir (1) ! Elles s'étaient dit au revoir au ciel.

Ce courage était la suite et la récompense du grand sacrifice qu'elle faisait depuis près de vingt années. Appelée toute jeune à la vocation religieuse, elle s'en était confiée à sa mère ; toutes deux épiaient l'occasion de demander le consentement de mon oncle, si tendre pour ses enfants,

---

(1) 14 février 1832 ; elle était âgée de vingt ans.

que tout pieux qu'il était, ce consentement devait lui coûter. Le secret était encore gardé, lorsque ma tante de Varax tomba malade et mourut. Agarite avait de seize à dix-sept ans ; elle se trouvait l'aînée de six enfants. Devant remplacer sa mère, elle montra, aussitôt, qu'elle en était digne. Ajournant son projet d'entrer au couvent, elle consacra sa vie à seconder son père. Louise, sa jeune sœur, avait aussi manifesté la vocation religieuse; Agarite obtint pour sa sœur le bonheur qu'elle se refusait à elle-même, et Louise conduite par elle entra au noviciat du Sacré-Cœur.

Mon oncle maria son fils Gabriel (1), puis Zoé (2). Il eut la joie de voir naître deux petits-enfants à son fils.

La tâche d'Agarite avançait; il ne lui restait plus qu'à fermer les yeux de son père. Il mourut peu après Louise. Agarite, alors, entra au Sacré-Cœur.

A l'entrée du printemps, Suzanne nous quitta pour aller passer quelques mois en Bretagne, à Hennebon, chez la mère de son mari. C'est là qu'elle donna le jour à son troisième enfant, ce cher et charmant Maurice, qui devait être enlevé à sa tendresse, à l'âge de vingt-trois ans, et jeune homme accompli. Quand il naquit, ce fut en vain

(1) A Mademoiselle de la Croix-Laval.

(2) Au comte de Mazenod, neveu de l'Evêque de Marseille, de sainte mémoire.

qu'on écrivit à Bourbon pour annoncer sa naissance. Son père venait d'y mourir. Suzanne était veuve. Il s'écoula plusieurs mois avant qu'elle connût son malheur.

Mélanie avait l'espérance de sa première maternité, et ma sœur Cladie le bonheur d'attendre un enfant de plus; son Albert et le petit Etienne prospéraient. Nous étions tous assez tranquilles, quand le choléra fit son apparition, tout d'abord terrible. La France, jusqu'alors, n'avait pas connu ce fléau, et l'ignorance où l'on était des moyens de s'en défendre justifiait la terreur qu'il inspirait.

Mon mari préserva l'hôtel Roederer de l'effarouchement général, qui ajoutait tant au danger. Avec le plus grand calme (1), il offrit à nos gens de faciliter leur départ, s'ils avaient peur, disant que lui et les siens resteraient, en prenant les précautions nécessaires; mais qu'il ne voulait retenir personne.

Aucun ne nous quitta et aucun ne s'en repentit; mais pour être épargnée personnellement, je n'en passai pas moins par de rudes angoisses.

Ma sœur Cladie perdit encore un enfant (2), le quatrième de ceux qu'elle voyait disparaître, c'était Etienne, il avait presqu'un an et fut emporté par le choléra. Ma pauvre mère, si déli-

(1) Voir *Lettres et notes*, p. 243, note 42.
(2) Voir *Lettres et notes*, p. 244, note 43.

cate de santé, fut prise de maux néphrétiques, auxquels elle était sujette; à ce moment, cela touchait à l'épidémie. Cladie sentait un commencement de celle-ci. J'allais de l'une à l'autre, dans une inquiétude indicible, et me souviens d'une nuit, où je sautai de la tête au pied de mon lit, en criant tantôt : Ah! maman! Ah! Cladie! A 4 heures du matin, j'étais à la porte de la chère sœur; M. Trousseau était là [1], peu après, une angine se déclarait par surcroît. Enfin, au milieu de ces affreux dangers, un pauvre enfant chétif, pas à terme, vint au monde et, Dieu merci, s'est bien relevé. C'est notre bon Etienne, — avec le même nom que l'enfant mort peu de jours avant, — grand et fort, comme si son arrivée en ce monde avait été dans les conditions les plus heureuses.

Suzanne passa son triste hiver à Paris, chez nos parents; revenue d'Hennebon, elle s'abrita chez eux avec ses trois enfants. C'est là qu'il fallut lui apprendre la mort de son mari. Chargée de la préparer à cette affreuse nouvelle, j'essayai d'arriver de loin. Au premier mot, elle me devina. J'étais trop bouleversée pour être adroite. « Il est mort », s'écria-t-elle, et elle retomba anéantie.

(1) Le docteur Trousseau, jeune médecin qu'attendait une grande célébrité. C'est à partir de ce moment qu'il commença de nous donner ses soins et qu'il devint l'ami dévoué de notre famille.

Son courage s'éleva bien vite à la hauteur de sa douleur; consoler nos chers parents de ses malheurs à elle, élever ses enfants furent la tâche et les devoirs que Dieu lui donna la grâce de remplir. Marie, Amédée, Maurice ont été des saints qu'elle a envoyés au ciel.

Plusieurs mois s'étaient écoulés depuis cette mort, quand un coffret, envoyé de Bourbon, fut remis à Suzanne; il renfermait, avec divers papiers et menus objets, un crucifix d'argent qu'elle avait donné à Paul, quand ils s'étaient dit adieu. Ce crucifix avait été sous ses yeux pendant sa maladie. A sa dernière agonie, il l'avait tenu dans ses mains et si forte avait été son étreinte, qu'il avait fait ployer le métal. Sans cesse, il y attachait ses lèvres, disant dans le délire de la fièvre : « Je veux aller au ciel, où je retrouverai Suzanne; je veux aller au ciel, où je la retrouverai. » La maladie qui l'emportait, violente, soudaine, comme elle est dans ces climats brûlants, avait déconcerté par sa marche rapide les amis d'un jour, amis dévoués et compatissants, mais trop tard préoccupés de l'*unique nécessaire*. Le prêtre ne put arriver à temps. Ainsi l'âme la plus droite, la volonté toute chrétienne, prête à chercher son refuge à l'heure d'angoisse entre les bras de la religion, s'était trouvée seule pendant le passage des temps à l'éternité.

L'année 1833 devait apporter bien des changements dans nos existences. Marcilly passa à des étrangers[1]. Ce fut un événement dans notre vie. Le bon oncle fut seul à s'en féliciter : il se voyait délivré du soin d'une maison à conduire. La responsabilité d'un maître entouré de nombreux serviteurs lui pesait. Sa conscience si délicate avait souffert d'abus qui s'étaient produits, un hiver, en son absence. Il avait d'ailleurs des motifs dans notre intérêt, voulant faire de son vivant le partage de son bien. Pour nous, nous eûmes tant de chagrin de cet adieu au berceau de notre enfance, que nous n'en sentîmes que l'affliction, pas les avantages. Notre oncle fixa désormais sa résidence à Lyon.

Ici je devance le temps où je sens que je ne puis plus continuer un récit chargé de trop de douleurs[2] et j'exprimerai la part que je pris à l'heureux mariage de notre cousin Isidore de la Roche-Nully, qui eut lieu au mois de décembre 1834. Isidore était souvent à Paris et sans cesse chez mes parents, où il était regardé comme un autre fils. Il épousa la fille du général Brunet-Denom, Viva, que nous eûmes tout de suite à aimer d'une affection que chaque jour a confirmée et chaque événement fait sentir davantage.

Mon cousin, Louis de Varax, se maria aussi en

---

(1) Voir *Lettres et notes*, p. 244, note 44.

(2) Voir *Lettres et notes*, pp. 245 et 246, notes 45 à 49.

1836. En épousant Mlle Nathalie de Moncoy, il nous donna une charmante cousine, très distinguée d'esprit, pleine de talents. Nous fûmes bien vite liées d'affection. Quoique n'habitant pas Paris, ils y venaient assez souvent pour que nos bonnes relations ne fussent jamais interrompues.

Je ne parlerais pas de la naissance de Gilbert (1), qui fut un bonheur si grand et devait être la source d'une si poignante douleur, si je ne croyais devoir remercier Dieu d'avoir épargné à ma mère le chagrin de le voir mourir.

Vous avez compris, mes chères filles, que je ne puisse plus écrire maintenant; car vous avez partagé, dans la mesure de vos âges, les deuils qui nous ont accablés (2). J'ai la confiance que vous savez leur garder, avec moi, un religieux souvenir.

---

(1) Fils aîné de M. François de Corcelle, mort à quatorze ans.

(2) Voir *Lettres et notes*, p. 247, note 50.

Blanche de Corcelle, comtesse Roederer.

En lisant, avec une grande attention, les souvenirs de ma grand'mère, une chose se détache d'une manière en quelque sorte lumineuse de ce simple récit : l'influence que cette douce et charmante femme exerça toute sa vie sur ceux qui l'entouraient. Pour nous, qui l'avons connue et aimée, cette action n'a rien qui puisse surprendre; ma grand'mère était indulgente, très intelligente et parfaitement sensée. Si tout en elle n'avait pas respiré le vrai charme féminin, *on pourrait dire qu'il y avait dans la sûreté de son jugement, dans la fermeté de ses principes, dans son instruction solide, quelque chose de fort, d'inflexible et de net, qu'on attribue volontiers aux hommes. Sa correspondance, vraiment remarquable, témoigne de ces qualités d'un esprit supérieur.*

Cette jolie vieille femme, au teint frais, aux doux et pénétrants yeux bleus, au nez fin, aux cheveux à peine grisonnants, captivait tous les cœurs. Elle était devenue très sourde, et ceux qui ont subi l'attirance de son regard chercheur, interrogateur, en gardéront toujours l'impression. C'est que rien ne lui était étranger dans nos réunions de famille et que les faits les plus petits l'intéressaient, parce qu'ils touchaient ceux qu'elle aimait. Elle a connu quatre générations et sa tendresse ne distinguait pas entr'elles. Tous voyaient en elle la chère Grand', *tous se serraient autour d'elle, sûrs de recevoir d'elle un sourire, une caresse, un conseil.*

Lorsqu'elle mourut, à quatre-vingt-sept ans, nous eûmes l'impression que sa vie avait été facile et heureuse. Dieu, en effet, lui avait épargné, vers la fin, les séparations et les deuils. Ses enfants vivaient tous encore et étaient restés fidèles à la vertu, à l'honneur, à la religion. Mais, dans une existence aussi longue, aussi remplie, il y a toujours des heures douloureuses, et, chez la comtesse Roederer, on peut affirmer que ces heures ont été nombreuses, car elle a partagé avec une sensibilité touchante toutes les épreuves qui accablaient les siens. On venait à elle naturellement et, naturellement aussi, elle se dévouait sans restriction.

A la campagne, ma grand'mère était adorée et ceux qui ont été à son enterrement se souviendront de la foule silencieuse, marchant émue et affligée derrière le cercueil. On venait au château pour tout : remèdes, vêtements, travail, avis. Pendant des années, jusqu'au jour où des douleurs rhumatismales l'empêchèrent de marcher sans aide, elle allait à la messe dans une petite voiture attelée d'un âne, et ce modeste équipage, qui l'attendait attaché à la porte d'une auberge, lui permettait d'accomplir sans témoins les actes dévoués d'une charité incomparable. Le bon docteur Delamarre aurait pu dévoiler ces secrets, il considérait ma grand'mère comme un collègue *et lui confiait volontiers la surveillance des cas graves, les pansements compliqués et les soins minutieux de la convalescence.*

Rien de mesquin dans cet esprit, tout intéressait cette intelligence; chose amusante, nous nous trouvions souvent les vieux *auprès de notre délicieuse octogénaire. Elle avait tant de vivacité, tant d'intérêt pour tout et pour tous, tant de jeunesse dans les impressions et dans les actes! Infirme, accablée de douleurs, il lui restait de son activité passée une promptitude qui lui faisait supporter difficilement l'oisiveté et la lenteur. Un mouvement d'impatience lui échappait alors, aussitôt réprimé, et elle riait de bon cœur de son agitation.*

Elle-même ne restait jamais inoccupée, elle lisait ou travaillait toujours, prenant à regret le jeu de patiences, qu'on lui imposait après ses repas; son talent pour la peinture lui donna bien des heures d'intéressante occupation et l'église de Bursard lui doit quelques tableaux.

Au moment où la comtesse Roederer termine le récit de ses souvenirs, elle passe par de cruelles épreuves. La mort devait enlever, en peu d'années, un enfant nouveau-né, son mari, ses beaux-parents, son père, sa mère, Mme de Guichard, M. de Marcilly ; sa santé se ressentit de ces secousses terribles et pendant assez longtemps ses forces, déjà surmenées par les soins fatigants qu'avait nécessités la maladie de mon grand-père, se trouvèrent comme anéanties. Mais les Corcelle étaient de race forte et saine, et bientôt mon aïeule put surveiller l'éducation de ses enfants. Elle partagea sa vie entre Paris et le château du Bois-Roussel, où elle aimait tant, plus tard, à nous réunir, et où nous vînmes fidèlement jusqu'à sa mort.

Elle avait le goût des voyages et on la vit à Lisbonne, à Stuttgart, à Vienne, à Florence, à Rome, suivant que son affection maternelle ou son dévouement l'appelait au Nord ou au Midi. Partout elle se faisait apprécier et j'ai pu constater moi-même, bien des années après son passage à Bruxelles, l'impression que sa grâce, sa capacité, sa bonté avaient laissée. Et cependant, elle avait passé sa vie à s'effacer : Cladie représentait, pour elle, la beauté de la famille, comme Suzanne en était le charme et l'intelligence, ce qui n'empêchait pas qu'on ne la préférât souvent à ses sœurs. Il nous est permis de distinguer notre chère grand' *parmi ce trio si parfait; mes tantes avaient pour elle la même admiration et le même respect.*

La mort de la comtesse Roederer fut très douce. Cette âme si pure et si sainte, qui approchait tous les jours de son créateur, n'était pas sans craindre les jugements de Dieu. Elle n'eut pas à les redouter pendant les veilles d'une longue maladie. Ayant pris froid, le lundi de Pâques, dans la chapelle du Sacré-Cœur, à Paris, une fluxion de poitrine se déclara; ma grand'mère ne comprit pas la gravité de son état, mais sa piété lui fit trouver naturelles les visites consolantes de son confesseur. Une congestion des poumons nous enleva tout espoir et, dans la matinée du vendredi 18 avril 1884, elle s'éteignait, après une agonie très peu douloureuse, nous laissant dans une profonde douleur, mais sous l'impression d'une paix divine. Sa beauté calme, empreinte d'un cachet d'ineffable majesté, promettait les joies célestes après la lutte.

Et maintenant, après quinze ans, nous pensons continuellement à notre chère grand', *nous aimons à parler d'elle; sa tendre et sage influence, ainsi que sa figure douce et sereine, dominent nos souvenirs; elle est encore notre lien le plus fort, et tout ce qui nous vient d'heureux et de bon nous semble obtenu par elle. Notre famille la vénère, et je suis sûre que ceux qui ont lu* ses souvenirs *se sont attachés aussi à cette femme modeste qui accomplissait, avec une simplicité admirable, tout ce que le devoir lui dictait, tout ce que son cœur généreux lui inspirait.*

Hélène,
comtesse Edouard de Liedekerke.

Bruxelles, le 9 mai 1899.

Notes et Documents Contemporains

(1) L'abbé de Giry, abbé de Saint-Cyr, connu par ses ouvrages de piété et par les gémissements un peu trop tendres qui étaient le caractère de son éloquence. Ce défaut fit introduire à la Cour et dans le dictionnaire de l'Académie le nouveau mot de *Giries* qu'assurément le saint abbé ne méritait par aucune mauvaise intention.

(2) Saint-Simon écrit : *Mascrani.* Le Marquis de Dangeau : *Mascranny.* La Chesnaie-Du-Bois : *Mascrany.* Grosley : *Mascranni.* A l'article *Colbert,* dans la Biographie universelle de Michaud, le nom est transformé en *Maserani.* Les papiers de famille et autres actes authentiques portent tantôt *Mascranni,* tantôt *Mascranny.*

(3) Ce fut une enquête judiciaire, ouverte en 1601, devant Claude Bretaigne, seigneur de Nansouty, conseiller du Roi, Lieutenant-général du Baillage d'Auxois. La vérité des faits y fut confirmée selon toutes les formes de la justice et les réclamations de Lazare furent rendues exécutoires. L'acte authentique fait partie de nos titres de famille. *(Note de M. de Corcelle, ancien ambassadeur auprès du Saint-Siège, frère de la comtesse Roederer.)*

(4) *Convention nationale.* Présidence de Hérault-Sechelles. Séance du dimanche 10 août. — On lit les lettres suivantes : Les représentants du peuple envoyés près de l'armée des Alpes au Président de la Convention nationale au Quartier général près Bourg. Le 6 août 1793, l'an II de la République française.

Citoyen président, dis à la Convention nationale que nous

partons avec Kellermann, du camp de Bourg, pour nous porter sur Lyon; que nous l'attaquerons vendredi matin avec 20,000 braves républicains, qui ont juré de rétablir dans cette ville rebelle le règne des lois et que nous les rétablirons. Voici notre sommation, une heure après les bombes et du canon.

Les rebelles de Marseille, chassés du combat, ont fui vers leur repaire, que nous ne tarderons pas à purger des miasmes aristocratiques et royalistes qui l'infectent. Les districts des Bouches-du-Rhône que notre petite armée a délivrés ont accepté notre constitution. Tu peux compter sur notre zèle. Kellermann va bien, et la paix sera rétablie dans le Midi. Il y a un mois, que depuis le Jura jusqu'à Bordeaux, presque toutes les administrations étaient coalisées, presque tout le peuple était égaré. Aujourd'hui, excepté Marseille, Toulon et Lyon, tous ont juré l'union et l'égalité sur le livre sacré de la constitution. Le succès de nos ennemis ne sera pas de longue durée.

Signé : GAULTHIER, DUBOIS-CRANCÉ.

(Gazette nationale.)

La jeunesse du pays courut tout entière aux armes, celle des conditions plus élevées, celle des états les plus humbles. Ceux que leur âge ou leur état rendaient inhabiles à combattre, s'ingénièrent pour concourir à la défense. Les femmes travaillèrent aux terrassements, aux redoutes; elles firent des cartouches et des gargousses. Plusieurs d'entre elles combattirent sous des vêtements d'hommes. Plus tard, quand les bombes des assiégeants firent pleuvoir sur la ville un déluge de feu, au milieu des incendies qui s'allumaient de toutes parts, on vit les femmes intrépides, infatigables, porter les seaux d'eau et faire la chaîne auprès des puits, des réservoirs, des cuves qu'on plaçait dans les cours des maisons et dans les rues. *(Notes de Mme de Barberey.)*

Journal de la Montagne du mardi 16 juillet 1793, l'an II de la République. *Nouvelle des Départements.* — Extrait d'une lettre du 9 juillet, adressée au citoyen Saubat par un patriote.

Les muscadins jouent les enragés, ils disent qu'il *faut toute la force de leur éducation pour modérer la véhémence de leur patriotisme.* On les voit occupés sans relâche aux travaux des fortifications pour se mettre à couvert contre l'armée des Alpes. Les ponts-levis se réparent; une redoute s'élève avec rapidité au-delà du pont Morand, sous les efforts de ces messieurs et quoique leurs mains délicates, bien enveloppées de gants, soient remplies de *vessies*, ils ne discontinuent pas de manier la pioche et la brouette et montrent en riant le sang qui découlent de leurs écorchures.

Les Marseillais arrivent ici par pelotons; mais ceux-ci ressemblent peu aux Marseillais du 10 août; *ce sont des messieurs, des honnêtes gens, des gens comme il faut*, dignes, enfin, de fraterniser avec les muscadins de Lyon.

(*Journal de la Montagne*, t. 1, n° 45.)

(5) *Convention nationale.* Séance du mardi 27 août 1793. Présidence de Maximilien Robespierre.

Amar. — Les Lyonnais ont des gens habiles et expérimentés pour leur cause. Ils s'exercent : ils ont fait des travaux pour soutenir le siège. Il est étonnant qu'on ne l'ait pas poussé avec plus de vigueur. Pourquoi l'infâme Kellermann au lieu d'attaquer les contre-révolutionnaires a-t-il parlementé ? S'il n'a pas sauvé la chose publique, s'il n'a pas pris Lyon, c'est parce qu'il s'entend avec les rebelles. Je demande que le Comité de Salut public nous dise ce qu'il sait sur Kellermann, que je crois coupable, et dont il faut faire tomber la tête.

Lacroix. — Il est bien étonnant que depuis le 19, que Lyon devait être attaqué, nous n'ayons reçu aucune nouvelle officielle... Il serait bien étonnant aussi que Dubois-Crancé qui dirige l'attaque se taise sur la trahison des généraux. Je demande qu'avant la levée de la séance, le Comité de Salut public fasse son rapport. — Cette proposition est décrétée.

(*Gazette nationale*, t. VII, n° 241.)

Convention nationale. Séance du dimanche 15 septembre 1793. Présidence de Billaud-Varennes. — Copie de la lettre des représentants du peuple près l'armée de Lyon, datée du Quartier général, du 10 septembre 1793.

... Les Lyonnais ont fait de tous côtés des redoutes et préparés de grands moyens de défense. Nous n'avons en ce moment ni assez de forces, ni assez de munitions pour réduire cette ville de vive force; mais nous attendons un renfort qui va tout à coup leur en imposer. Enfin, tous les départements voisins, éclairés sur la conduite des scélérats qui gouvernent dans cette cité contre-révolutionnaire, se sont levés et nous pouvons compter que, sous huit jours, 60,000 hommes, pour ne pas dire 100,000, cerneront Lyon de manière à ne plus y laisser rien entrer et à la prendre de vive force en trois jours. Saint-Étienne est à nous.

Signé : Dubois-Crancé, Gauthier, Laporte.

(*Gazette nationale*, t. VII, n° 260.)

(6) *Convention nationale.* Suite de la séance de vendredi 4 octobre 1793. Présidence de Charlier. — Extrait d'une lettre de Dubois-Crancé.

... Les Lyonnais attaqués sur quatre points à la fois ce matin, à cinq heures, ont été repoussés partout; leurs redoutes sont emportées. Nous sommes à Perrache, aux Brotteaux et rue Sainte-Foix. L'horizon est en ce moment chargé de flammes et de fumée.

Tous les Brotteaux sont incendiés. Perrache commence à brûler. Il fait un grand vent. Vive la République !

Signé : Dubois-Crancé.

N. B. On apprend à l'instant que les troupes de la République ont pris dix pièces de canon aux rebelles.

(*Gazette nationale*, t. VII, n° 278.)

Convention nationale. Séance du mardi 8 octobre 1793, Présidence de Charlier. — Barrière lit une lettre des représentants du peuple, Dubois-Crancé et Gauthier, datée du Quartier général de la Pape, le 2 octobre ; en voici l'extrait :

Les rebelles résistent en désespérés et l'étendue de cette ville, cernée de toutes parts, a diminué nos forces sur des points importants; il en est même où nous ne sommes pas assez forts pour résister constamment aux attaques multipliées des rebelles.

On ne se rappelle pas assez de quelle manière le siège a commencé; on ne se souvient pas, quand on nous accuse de lenteur, que nous n'avions alors que des réquisitions mal armées qui n'ont pu servir que dans des postes de peu d'importance. La tentative des émigrés pour secourir Lyon a complètement échoué. Ils ont été battus et repoussés très loin. Mais on assure que Précy, à la tête de sa troupe de royalistes, d'émigrés et de fanatiques, doit sortir de Lyon pour s'ouvrir un passage en Suisse. Nous nous y opposerons avec force, et ce ne sera pas sans efforts que ces coquins nous échapperont.

(*Gazette nationale,* t. VII, n° 17.)

Convention nationale. Séance du 12 octobre 1793. — Lettre du général Doppet :

Nous sommes entrés dans Lyon ce matin; les rebelles se sont enfuis de la ville, non pas sans recevoir des canonnades et des fusillades. Il est pourtant probable qu'ils n'iront pas à deux lieues. Plusieurs colonnes les cernent; et, pendant que je dispose des forces militaires dans la ville pour nous mettre à l'abri de la trahison, de même que pour y maintenir l'ordre, je vous écris de la maison commune. Au moment où je ferme ma lettre, la plupart des généraux rebelles sont tués; nous avons pris le trésor qu'ils emportaient.

Convention nationale. Séance du 13 octobre.

BARÈRE. — Laisserez-vous subsister une ville qui par sa rébellion a fait couler le sang des patriotes ? Qui osera réclamer votre indulgence pour cette ville rebelle ? Ce n'est pas une ville, celle qui est habitée par des conspirateurs, et elle doit être ensevelie sous ses ruines.

Que devez-vous respecter dans vos vengeances? La maison de l'indigent persécuté par le riche; ces manufactures dont le barbare Anglais désire la destruction avec tant d'avidité. Que devez-vous respecter ? L'asile de l'humanité, l'édifice consacré à l'instruction publique. La charrue doit passer sur tout ce qui reste. Le nom de Lyon ne doit plus exister ; vous l'appellerez : Ville-affranchie; et sur les murs de cette infâme cité, il sera élevé un monument qui sera l'honneur de la Convention et qui attestera le crime et la punition des ennemis de la liberté. Ce seul mot dira tout : *Lyon fit la guerre à la liberté, Lyon n'est plus !*

Les villes fédéralistes sont là qui attendent les suites de la reddition de Lyon, le genre de peine que vous porterez. Ainsi, cette splendide ville de la Gironde attendait toujours les événements; et aujourd'hui peut-être encore, ses magasins et ses richesses nous répondent d'elle plus que son patriotisme... Eh bien, il faut un grand exemple.

Voici le projet du décret : La Convention nationale, après avoir entendu le rapport du décret du Comité de Salut public, décrète :

Article premier. — Il sera nommé par la Convention nationale, sur la présentation du Comité de Salut public, une commission extraordinaire, composée de cinq membres, pour faire punir militairement et sans délai les contre-révolutionnaires de Lyon.

Art. 3. — La ville de Lyon sera détruite; tout ce qui fut habité par les riches sera démoli; il ne restera que la maison du pauvre, les habitations des patriotes égorgés ou proscrits, les édifices spécialement employés à l'industrie et les monuments consacrés à l'humanité ou à l'instruction publique.

Art. 4. — Le nom de Lyon sera effacé du tableau des villes de la République.

Art. 5. — Il sera élevé, sur les ruines de Lyon, une colonne qui attestera à la postérité les noms et la punition des royalistes de cette ville, avec cette inscription : « Lyon fit la guerre à la liberté, Lyon n'est plus. »

Art. 6. — Les représentants du peuple nommeront, sur le champ, des commissaires pour faire le tableau de toutes les propriétés qui ont appartenu aux riches et contre-révolutionnaires de Lyon, pour être statué incessamment par la Convention nationale sur les moyens d'exécution du décret du ... qui a affecté ces biens à l'indemnité des patriotes. Le décret est adopté.

(*Gazette nationale,* t. VII, n° 22.)

(7) Un des défenseurs de Lyon, M. Nolhac, prisonnier comme eux (MM. de Varax), amené devant la commission révolutionnaire, condamné à mort, puis sauvé par miracle, a rappelé le consolant spectacle, qui nous fut, dit-il, donné, pendant plusieurs jours, dans la grande salle. Un ecclésiastique, qui avait été arrêté en raison de son état, et qui était connu de plusieurs, aussitôt que les jugements commencèrent à l'hôtel

de ville et que les prisonniers furent successivement appelés pour recevoir leur sentence, s'établit publiquement au milieu de nous, en ministre de la réconciliation; il se plaça sur un ballot qui se trouvait dans un lieu apparent de la salle, et, sans prendre plus de précautions que si, en un temps de pleine paix, il eut exercé son ministère dans une église, il se mit à écouter tous ceux qui venaient s'agenouiller à ses côtés. Chose bien remarquable! les gardiens, qui sans cesse allaient et venaient, ne parurent pas donner la moindre attention à ce qui se passait cependant sous leurs yeux; des hommes, à qui un signe de christianisme trouvé dans une maison donnait un accès de rage, ne troublèrent pas un prêtre dans l'administration d'un sacrement de l'Eglise catholique! de sorte qu'avant de mourir, cet ecclésiastique put être, pendant plusieurs jours, l'ange consolateur de ceux qui étaient exposés à subir le même sort. Il continuait son auguste ministère lorsque je fus appelé pour être jugé. (*Souvenirs de trois années de la Révolution à Lyon,* par J.-C. NOLHAC, 1844.)

Lettre de ACHARD, membre du Comité de Salut public de Lyon, à GRAVIER, juge au tribunal révolutionnaire à Paris. Commune affranchie, ce 27 Frimaire de l'an II de l'ère républicaine (17 décembre 1793).

Frère et ami, encore des têtes, et chaque jour des têtes tombent! Si tu eusses vu avant-hier cette justice nationale de 209 victimes scélérates, quelle majesté! quel ton imposant! tout édifiait!... Combien de grands coquins ont mordu la poussière dans l'arène des Brotteaux! quel ciment pour la République!... Quel spectacle digne de la liberté! En voilà cependant déjà plus de 500; encore deux fois autant y passeront sans doute; et puis, ça ira!... Salut et fraternité.

Signé : ACHARD.

P.-S. — Bonjour à Robespierre, Duplay et Nicolas. (Rapport de la Commission chargée de l'examen des papiers trouvés chez Robespierre, n° XCVIII.)

(8) *Proclamation de la Commission temporaire de Lyon.*

Sans-culottes, nos frères et amis, dénoncez les crimes, dénoncez les criminels; un double prix vous attend; la voix de votre conscience, — car la dénonciation est une vertu, — et une récompense légitime. Des scélérats, des contre-révolutionnaires ont voulu dérober à la patrie sa juste propriété. Ces avares ont enfoui leurs trésors; l'œil perçant du patriote va les chercher et les trouver dans leurs souterrains les plus profonds. Apprenez que la loi vous accorde le vingtième de ce que votre vigilance et vos recherches reconquièrent à la République... Braves amis, rien ne doit ralentir votre zèle; les ci-devant domestiques ne peuvent oublier que la patrie est la seule maîtresse qu'ils doivent servir, que la patrie seule est leur mère. (J. MORIN, *Histoire de Lyon depuis la Révolution de 1789*, t. III, ch. LIX. Lyon, 1847.)

Vingtième jour du troisième mois de l'an deuxième de la République française (10 décembre 1793).

Société des amis de la liberté et de l'égalité. Séance aux Jacobins. Présidence de Fourcroy. Séance du 18 Frimaire.

COUTHON. — Est-il vrai, Dubois-Crancé, que tu te sois opposé à l'attaque de Lyon de vive force et que tu aies insisté pour le blocus?

DUBOIS-CRANCÉ. — Je suis si certain que mes réponses satisferont la société, que je n'hésite pas un moment à répondre à l'improviste aux questions qui me sont faites. Néanmoins, je ne puis m'empêcher de dire qu'il est douloureux pour moi de voir mon collègue me réduire à subir devant vous une espèce d'interrogatoire sur ma conduite passée. Je ne veux pas nier que j'aie insisté sur le blocus de Lyon. Je me fais encore une gloire de cette opinion. Je n'avais d'autre vue que d'épargner le sang des patriotes. Il n'y avait aucun inconvénient à attendre la reddition. L'expérience a fait voir que j'avais raison.

COUTHON pose une série de questions auxquelles il invite DUBOIS-CRANCÉ à répondre. Les principales sont de dire :

1° S'il s'est opposé à l'attaque de vive force, lorsque les troupes la demandaient; 2° s'il n'a pas dit, en parlant de la réquisition qu'avait mise en mouvement Couthon, qu'elle ne valait pas dix liards.

Dubois-Crancé répond à la première question qu'il était sûr que la ville de Lyon était dans l'état le plus déplorable et qu'il fallait qu'elle se rendît bientôt, que d'ailleurs ses collègues lui avaient écrit que les troupes de la campagne allaient quitter pour faire leurs semailles et leurs vendanges. Il répond à la seconde qu'il avait pu dire, en tête-à-tête à Couthon, que sa levée, comme toutes les autres, était composée de trois éléments : d'aristocrates, de *J.-F.* et de patriotes toujours sacrifiés par les deux premières classes; qu'il ne donnerait pas six liards de tout cela; mais que ce propos ne devait pas être public et qu'il n'a jamais été tenu aux troupes assemblées.

(*Journal de la Montagne,* t. II, n°.25.)

Les représentants du peuple Couthon, Maignet, Laporte et Chateauneuf-Randon, à la *Société des amis de la constitution républicaine.* Séance aux Jacobins Saint-Honoré.

Citoyens frères et amis. Lyon, 13 octobre (vieux style). Ceux qui ont échappé au fer de nos braves tombent chaque jour sous la hache des lois; mais le plus difficile reste à faire. L'esprit public est perdu dans cette malheureuse cité, les patriotes y sont dans une minorité si affligeante que nous désespérerions de pouvoir la vivifier, si votre société ne nous présentait pas ses ressources consolatrices. Il nous faut une colonie de patriotes qui, transportés sur cette terre étrangère, pour ainsi dire au surplus de la République, transplantent les principes révolutionnaires qu'il est indispensable d'établir partout, si nous voulons établir l'unité dans le gouvernement. La mission est belle. Heureux ceux à qui vous la confierez.

Citoyens, le besoin est urgent, il nous est impossible d'organiser les autorités sans ce renfort de patriotes. Ne perdez pas un instant pour nous l'envoyer. Que dans la séance même où vous recevrez notre lettre une élection, faite à haute voix, désigne les nouveaux apôtres! Qu'ils se rendent de suite au Comité de Salut public pour lui en donner avis et qu'ils viennent se réunir à nous... Salut, fraternité et amitié.

(*Journal de la Montagne,* t. I, n° 139.)

Collot d'Herbois à ses collègues composant le Comité de Salut public.

Ville affranchie, le 12 Brumaire, l'an II de la République, etc. (7 novembre 1793).

La ville est soumise et non pas convertie. L'esprit public est nul et prêt à tourner en sens contraire de la Révolution. Les exécutions même ne font pas tout l'effet qu'on en devrait attendre. La prolongation du siège et les périls journaliers que chacun a courus ont inspiré une sorte d'indifférence pour la vie, si ce n'est tout à fait le mépris de la mort. (Rapport fait au nom de la Commission chargée de l'examen des papiers trouvés chez Robespierre, n° 89.)

Collot d'Herbois à Robespierre (aîné).

Ville affranchie, le 3 Frimaire, l'an second de la République une et indivisible (23 novembre 1793).

Mon collègue, mon ami, il me tarde que tous les conspirateurs aient disparus; l'impatience de la patrie et du peuple souverain qui la compose retentit sur toutes les fibres de mon cœur. Il faut que Lyon ne soit plus, en effet, et que l'inscription que tu as proposée soit une grande vérité. Il faut licencier, faire évacuer cent mille individus travaillant, depuis qu'ils existent, à la fabrique, sans être laborieux et bien loin de la dignité qu'ils doivent avoir. Intéressants pour l'humanité, parce qu'ils ont toujours été opprimés et pauvres, ce qui prouve qu'ils n'ont pas senti la Révolution. En les disséminant parmi les hommes libres ils en prendront les sentiments; ils ne les auront jamais s'ils restent réunis. Tu as trop de philosophie pour que cette idée t'échappe. (Rapport fait au nom de la Commission chargée de l'examen des papiers trouvés chez Robespierre, n° 88. Imprimé par ordre de la Convention.)

Achard, membre du Comité de salut public de Lyon, à Gravier, juge au tribunal révolutionnaire à Paris. Commune affranchie, le 28 Nivose, l'an II de l'ère de la République.

Cher ami, ici tout paraît inconsolable; les uns s'affligent de la perte de leurs parents; les autres de leurs amis; les Comités de la crainte d'être frustrés de leurs espérances; les sans-culottes et les autres de savoir que l'on va coloniser ce pays; tous se plaignent de leur égoïsme; et nuls ou bien peu voient la chose... Le tribunal poursuit avantageusement sa carrière. Il aurait certainement besoin de bons renseignements, mais il ne se donne pas la peine de les rechercher ou demander à ceux en qui il peut se confier; néanmoins, hier, dix-sept ont mis la tête dans la chatière, et aujourd'hui huit y passent et vingt et un reçoivent le feu de la foudre. (Rapport fait au nom de la Commission chargée de l'examen des papiers trouvés chez Robespierre. Imprimé par ordre de la Convention, n° 47.)

(9) M. de Vidaud, Jean-Jacques, marquis de Vidaud de la Tour, comte de la Bâtie, premier président au parlement de Dauphinée, commandant de cette province et conseiller d'État, marié en 1773 à Marie-Joséphine-Louise-Sophie de Cambise de Fargues, marquise de Villeron.

M. de Vidaud d'Anthon, Gabriel de Vidaud de la Tour, baron d'Anthon, marié à Victoire de Pampellonne.

Mme de Chabons, Madeleine-Françoise de Vidaud de la Tour, mariée à haut et puissant seigneur François Gallion, seigneur de Chabons, seigneur du Passage, etc.

Mme de Varax, Marie-Marthe-Sabine de Vidaud de la Tour, mariée à Jean-Claude de Rivérieulx de Varax, seigneur de Marcilly, Civrieux, Lozanne, Gage, etc., officier au régiment d'Escars-cavalerie.

Mme de Sautereau, Marie-Nicole de Vidaud de la Tour, mariée en 1740 avec Gabriel de Sautereau, seigneur de Chasse, Arces, etc., capitaine de Cavalerie au régiment de Berry.

Mme de Pampellonne, Marie-Charlotte de Vidaud de la Tour, mariée en 1776 avec Jacques-Joseph de Guyon de Geis, seigneur de Richemaure, baron de Pampellonne, major au corps royal d'artillerie, chevalier de Saint-Louis.

Mme de Ponnat, Jeanne-Françoise-Gabrielle de Vidaud de la Tour, mariée avec Antoine-Alexis de Ponnat, baron de Gresse et Baurières, colonel de dragons, chevalier de Saint-Louis.

(10) ACHARD, membre du Comité de Salut public de Lyon, à GRAVIER, juré au tribunal révolutionnaire à Paris. — Commune affranchie, le 28 nivôse l'an II de l'ère républicaine (17 janvier 1794).

Quatre cent mille livres se dépensent par décade pour les démolitions et quelques autres objets; juge si la République doit se hâter de coloniser ce pays; encore, si l'ouvrage paraissait! mais l'indolence des démolisseurs démontre clairement que leurs bras ne sont pas propres à bâtir une république. Les Comités travaillent de même... Salut fraternel. (Rapport fait au nom de la Commission chargée de l'examen des papiers trouvés chez Robespierre, etc., etc., nº 97.)

Commune de Paris. — Séance du 4 frimaire (24 novembre 1793). — Le secrétaire-greffier donne lecture d'une lettre de Commune affranchie, qui contient les détails suivants : ... Il a été célébré une fête... Cette fête a été marquée par le triomphe que la raison a emporté sur le fanatisme. Un âne, habillé en archevêque et magnifiquement paré des ornements pontificaux, s'est promené dans toutes les rues, avec la gravité d'un cardinal. Il était chargé de calices, ciboires, boîtes à huile et autres instruments des *jongleurs appelés prêtres.* Après la promenade, pendant laquelle il a été accompagné d'une multitude innombrable de citoyens qui criaient : *Vive la République, à bas le fanatisme*, le nouveau prélat a été déchargé des objets précieux dont il était porteur, qui ont été mis en dépôt pour être changés en numéraire et sont devenus enfin utiles à la République après avoir causé tant de maux.

Les chapes, chasubles, étoles, objets devenus inutiles, ont fourni les matériaux d'un autodafé au bon sens.

Les commissaires de police des 48 sections, mandés par un arrêté du conseil, étaient présents, dès le commencement de la séance; l'ordre du jour pour eux était de venir recevoir une instruction et de se concerter, avec les membres de la commune, sur les mesures propres à faire utilement et exactement la police.

(*Journal de la Montagne*, t. II, nº 13.)

(11) Procès-verbal de la Convention nationale du vendredi 21 septembre 1793, l'an premier de la République française. — Un membre propose, et la Convention décrète, que les femmes qui ne porteront pas la cocarde tricolore seront punies, la première fois de huit jours de prison; en cas de récidive, elles seront réputées suspectes; et quant à celles qui arracheraient à une autre ou profaneraient la cocarde nationale, elles seront punies de six ans de prison. (Procès-verbal de la Convention nationale, imprimé par son ordre, t. XXIII.)

Lettres et Notes

—

(1) ***Lettre de Blanche-Joséphine de Corcelle à sa sœur Cladie.***

Paris, 1816.

... Je ne suis pas moins occupée de toi et de notre Lyon, que je regrette comme je ne l'aurais jamais cru. Mais plus je vois Paris, moins je m'y plais. C'est une nation de ***restaurateurs,*** cabaretiers, épiciers, pâtissiers, bouchers, tout à côté de la plus brillante faiseuse de modes. Tu ne peux te faire une idée des ***restaurateurs;*** ce mot n'a pas ici la même signification qu'à Lyon. Les quartiers de Paris étant si éloignés les uns des autres que la moindre course prend une matinée, on est souvent à trois quarts de lieue de chez soi au moment de dîner. Dans cet embarras, il serait difficile de faire autrement que d'entrer chez un pâtissier et manger quelque chose. Cela serait bon pour une ville ordinaire, mais à Paris, où tout est spéculation, on a inventé d'établir des boutiques à manger, à peu près toutes les trois maisons. Là se trouvent de petites tables, entourées de chaises ; on s'assied autour. Il est reçu que les femmes y peuvent prendre place. On vous présente un imprimé donnant la liste des cent ragoûts, rôtis, poissons, entrées, gibiers que vous pouvez demander. Les portions sont taxées. Quand le choix est fait, ce qui est long et difficile, on appelle : Garçon, deux potages; deux beefsteaks; un poulet. Alors, on vous répond : Vous êtes en broche, ou vous êtes sur le gril. Enfin, après un peu de temps, vous êtes servi, vous avez dîné et vous partez.

D'ordinaire nous dînons chez Fiacre. Il y a là des cabinets où l'on est seul comme chez soi. Francisque ne cesse de me rabâcher combien tout cela est commode et agréable. On dirait que Paris est à lui. Il veut me persuader que rien n'égale ce séjour. Je sens qu'il n'en peut rien être pendant que tu restes à Lyon. Lorsque nous sommes allés voir le Palais Royal, il m'en faisait les honneurs, me faisait remarquer ces superbes étalages. — Vois-tu, cet escalier de cristal! et je le démontais en disant : Bah! j'ai vu cela partout! On dirait que je déprise son bien. Il est tout à fait aimable notre frère, gai, ouvert, complaisant; il nous aime bien, nous disons bien du mal de nos sœurs absentes!...

(2) *Lettre de M. de Corcelle à Mme de Corcelle, à Lyon.*

Bruxelles, 9 Août 1817.

Chère amie,

Nouvelle persécution, nouvelle douleur! Je quitte ce pays-ci. La griffe du léopard vient de m'atteindre. Je souhaite que ce dernier coup te trouve armée de tout le courage d'une âme sans reproches, d'une âme telle que la tienne. Wellington a fait une liste de proscription sur laquelle on me fait l'honneur de me comprendre. Vingt-quatre heures pour prendre des passeports; huit jours pour quitter le royaume. Ledit sieur parle en maître; l'ordre est ponctuellement exécuté. Seulement, les ministres belges, plus humains, m'ont donné jusqu'au 30 de ce mois pour me précautionner. Effrayé d'entraîner au loin, d'exil en exil, mon incomparable Joséphine, je te la rends... Sois sans inquiétude pour notre adorable enfant. Je la laisse entre les bras d'une amie bonne, vertueuse, religieuse sans ostentation, compagne d'un homme de bien, si jamais il en fut. Quels amis nous avons dans ce bon ménage!... Ma tendre Joséphine, avec une raison au-dessus de son âge, dévore son ennui pour ne pas affaiblir mon courage. Je double mes forces pour augmenter les siennes. Heureux encore de la laisser dans une position telle que tu ne dois rien précipiter dans les arrangements que ce fatal contre-temps nécessite... Toutes les bourses m'ont été ouvertes. Je suis accompagné d'un intérêt universel. Que pourrais-je désirer de plus? Les bons du Monceau se sont aussi offerts de faire tout pour moi : Le cœur des Belges est incomparable. Ce peuple estimable ne saurait être trop apprécié. Je ne suis pas le seul qui l'éprouve;

c'est universel, dans ce pays hospitalier. Les hommes que le sort vient de frapper sont calmes; les Belges seuls versent des larmes... Adieu, tendre amie... Soutenez votre courage réciproquement, songez surtout que de votre force dépend toute la mienne... Adieu.

(3) *Lettre de Blanche-Joséphine de Corcelle à sa mère, à Paris.*

Ma chère maman,

Vous avez reçu cette funeste assurance de départ, au milieu des démarches faites pour les prévenir. Votre Joséphine n'était pas là pour partager votre douleur et la soulager, combien cette pensée me fait pleurer. L'absence et l'éloignement vous ont caché les efforts que nous avons faits pour éluder ce coup. Ma chère maman se plaint de notre précipitation; c'est un nouveau surcroît de peine pour votre Joséphine, que d'avoir en apparence encouru votre improbation. Croyez, bonne maman, que papa fit tout ce qui était possible pour d'abord faire révoquer l'ordre; ensuite pour avoir un délai. Il a fait plus que je n'aurais pu attendre de son caractère ordinaire. La position où il me laissait et le désir de remplir les intentions que vous lui exprimiez l'ont fait agir au-delà de ce que j'attendais de lui. Il n'a négligé ni placets, ni audiences; et moi, livrée à mes propres forces, j'ai sollicité de nouveau. Vous savez qu'on me berça d'abord d'espérances, mais, depuis, on suit un autre système et toute la hiérarchie du ministère m'envoie des sommations pour faire partir mon père, prévenant que son obstination à rester malgré des ordres l'exposerait à des poursuites fâcheuses... Veuillez, chère maman, agréer l'hommage de la plus vive, de la plus respectueuse tendresse de votre fille.

(4) *Lettre de M. de Corcelle à sa fille Blanche-Joséphine, à Bruxelles.*

Friederikswarne (Norwège), 19 Septembre 1817.

(Parvenue à destination au mois de novembre.)

Je t'écris à la hâte et aussitôt le pied mis sur le rivage, ma toute bonne Joséphine. Voilà quinze jours bien comptés que je suis balloté sur la mer du Nord. Lorsque je joins ces quinze longs jours à vingt peut-être que cette lettre mettra en route, je suis vraiment effrayé de ton anxiété et de celle de ta mère; mais sois sans inquiétude, je supporte mes fatigues avec santé et courage. Nous venons d'être jetés sur la côte de Norwège, vers le 59me degré et quelques minutes; et après une alternative continuelle de calmes, de vents contraires et de tempêtes, nous venons de débarquer à *Fredrikswarne,* petit port assez joli, pour faire de l'eau, attendre le vent et réparer quelques avaries. Je pense que demain ou après-demain nous serons en mer pour cingler vers Gothesbourg. La dernière tempête qui nous a si fort écartés de notre route a commencé le 18, à minuit, et n'a fini que le 19, au matin. Mais cela est passé maintenant. Qu'importe?

(5) Le séjour à Bruxelles de Mlle de Corcelle, après le départ de son père, se prolongea environ de deux mois; elle eut, dans cet intervalle, occasion de voir le peintre David, qui remarqua, non sans étonnement, le rare talent qu'elle avait déjà. Le portrait qu'elle a fait d'elle, à cette époque, semble en effet de la main d'un maître, pour la couleur, le modelé, le dessin; des cheveux d'un brun châtain, en boucles naturelles et abondantes autour d'un front charmant; le nez parfait; le regard suave; la grâce même, reflet de l'âme. Ma mère avait dû saisir en perfection sa ressemblance, puisqu'après tant d'années écoulées, nous, ses enfants, retrouvons encore dans cette chère image l'infinie douceur de son regard et l'harmonie de ses traits.

Un exil, trop mérité, retenait David hors de France, mais sa renommée comme artiste demandait grâce pour son passé. Les odieux souvenirs du Jacobin de 1793 apparaissaient dans le lointain, tandis qu'une gloire entourait le régénérateur de l'école française, l'auteur de chefs-d'œuvres immortels. Il se trouvait à une fête dansante, donnée par Mme Merlin. Un fragment, seul reste d'une lettre de ma mère à Cladie, nous a gardé ce souvenir. On insista pour qu'elle parût ce soir-là, « avec tant de bienveillance, dit-elle, que je me décidai à faire comme les autres. On est bien malheureux d'avoir une tête occupée d'autre chose. Déjà quelques chassés, chaînes, etc., avaient souffert de ma préoccupation. Je me reposais au cœur d'un grand cercle. M. de Chambure arriva et, tout haut, me salua d'un : Mademoiselle, on vous admire de l'autre côté, David est enchanté! Tout ce qu'il y a de flatteur et d'exagéré dans le compliment fut éclipsé par mon embarras. La foule se porte autour du portrait, on me pousse, et David me fait approcher. Me voilà à l'interrogatoire comme si j'eusse paru à l'inquisition. Quel est votre maître? Qui vous a commencée? etc. C'est très bien, très bien, mais je vais vous indiquer quelques défauts. Moi, je remercie et me voilà échappée de ses griffes pour retomber dans les compliments apprêtés : le solo de David avait donné le temps de faire quelques impromptus. Je ne sais si on m'a comparée au soleil, si je l'éclipsais; mais j'ai bien vite adopté une petite formule qui répondait à tout, et je me suis assise sans pouvoir encore me livrer à la danse, tant mes jambes tremblaient. Le docteur arrive; vous aurez, me dit-il, de longues lettres demain; elles sont à Bruges. Ah! le bonheur! me voilà presqu'au niveau de mes compagnes et je n'ai pas de peine à paraître riante et à répondre à leurs avances. L'on soupe, nous toutes, à une petite table, riant comme des folles; et l'on dansa encore jusqu'à minuit. » *(Note de Mme de Barberey.)*

(6) *Lettre du comte Roederer à son fils le baron Roederer.*

Paris, le 11 décembre 1821.

Il me paraît enfin présumable, mon cher Toni, que les derniers vœux de ma vie seront accomplis par le mariage de votre frère avec une personne digne, sous tous les rapports, de sa tendresse et de la nôtre. Jolie figure, maintien excellent, pureté d'âme et d'esprit angélique; habitudes de vie modeste, occupée; talent très marquant et très exercé pour la peinture et, ce qui donne à toutes ces qualités un nouveau prix, c'est qu'elles ont été éprouvées par le malheur et fortifiées par dix-huit mois de dévouement pour son père, qu'elle a suivi dans son exil et dont elle a partagé les persécutions. Ce mariage ne sera pas, seulement, celui de deux époux : c'est celui de deux familles. Vous serez étonné de vous trouver entre le père, la mère et deux sœurs fort jolies, comme avec d'anciennes connaissances que vous étiez dans l'habitude d'aimer et d'honorer. Vous savez peut-être que j'ai été la cause involontaire des persécutions que le père et la fille ont essuyées (allusions aux événements de 1815, alors que le comte Roederer fit accepter à M. de Corcelle le commandement aux gardes nationales). Je regarde comme un bonheur de plus d'être appelé, au moins pour un petit contingent d'égards et de soins, à les dédommager de tant de souffrances imméritées ! Arrivez bien vite, mes enfants, et serrez-vous dans ce groupe-là.

(7) *Lettre du comte Roederer, sénateur, à son fils, le baron Roederer.*

Paris, le 30 octobre 1809.

Quand l'empereur a fait sa ronde et qu'il a daigné s'arrêter devant moi, il a tout d'abord nommé ton frère, qui était à côté de moi, et il a dit en le regardant : Ah ! Monsieur Roederer, déjà colonel ! vous êtes bien jeune.

(8) Par arrêté du 11 novembre 1811, il fut admis à rentrer au service en France, mais avec le grade qu'il avait eu avant de servir en Espagne. En mars 1812, il fut nommé chef d'escadron au 8me régiment de Chevau-Légers, ci-devant Lanciers polonais.

Deux jours avant le combat de la Bérésina (Novembre 1912), la croix d'officier de la Légion d'honneur fut demandée pour lui. Il la reçut trois ans plus tard sous la Restauration ; voici en quelles circonstances. Le roi avait donné audience au comte Roederer et, après un assez long entretien avec lui, avait demandé ce qu'il désirait. M. Roederer avait alors parlé des services militaires de son fils aîné blessé, fait prisonnier de guerre, qui jusqu'alors n'avait reçu aucun des témoignages auxquels il avait tous les droits possibles. Il demanda pour lui la croix d'officier de la Légion d'honneur. Le brevet, dont l'envoi immédiat était dû à la bonne grâce du roi, porte la date du 15 février 1815. Le colonel Roederer était commandeur de l'Ordre royal des deux Siciles — 19 juin 1808 — et chevalier de l'Ordre royal d'Espagne — 25 octobre 1809.

(9) *Lettre du chef d'escadron Roederer à son frère.*

Wilna, le 2 février 1813.

Dans toutes mes adversités, j'ai toujours conservé bon courage, et c'est ce qui m'a sauvé. Je n'ai pas un seul instant désiré la mort, mais ce serait payer la vie trop cher que de recommencer de pareilles misères pour la conserver. Mon sort s'adoucit tous les jours un peu. M. Roland (*commissaire-ordonnateur*, chargé des prisonniers français), que j'ai retrouvé ici, m'a prêté six louis ; un courrier est venu m'offrir cent francs.

Ces petites sommes ont été pour moi de vrais trésors, car j'ai été, comme beaucoup d'autres, entièrement dépouillé. Ma santé est fort bonne et beaucoup plus forte que je n'aurais pu l'espérer ; je mange avec appétit et assez vite encore, quoiqu'il me manque douze à quatorze dents, fracassées par une balle qui m'est entrée dans la bouche, le 28 novembre, au combat de la Bérésina.

La croix de la Légion d'honneur a été demandée pour moi deux jours avant le combat. La veille, j'ai passé deux fois la Bérésina à la nage et sous les yeux de l'empereur, qui à mon uniforme aura cru que j'étais polonais. J'ai été bien heureux de ne pas avoir les pieds et les mains profondément gelés, car alors il aurait fallu se faire couper bras et jambes, ainsi qu'il est arrivé à beaucoup d'autres. J'en suis quitte pour attendre patiemment qu'il me repousse un ongle au petit doigt de la main gauche et deux autres à l'avant-dernier doigt de la main gauche et au petit doigt de la main droite.

Il gèle aujourd'hui à 24 ou 25 degrés, mais le froid de ce pays-ci a cela de moins dur que les froids de France, c'est qu'il est rarement accompagné d'un grand vent ; le froid est plus fort, mais il est plus calme que chez nous ; aussi, avons-nous eu les pieds et les mains gelés sans nous en apercevoir et sans souffrir. Si le vent du Nord soufflait comme sur les côtes de la Manche, je crois qu'il serait impossible de sortir, même avec les meilleures fourrures... Je vous ai déjà écrit que je suis arrivé à Wilna, y voyant à peine pour conduire mon cheval ; j'étais presque aveugle depuis deux jours. Malgré mes pieds et mes mains gelés et le mauvais état de ma vue, je serais parti si j'avais pu croire à la prochaine arrivée des Cosaques, j'aurais couru la chance de succomber en route plutôt que celle d'être pris ici.

(10) *Lettre du colonel Roederer à son père, au Bois Roussel.*

Paris, 4 décembre, à 7 heures du matin.

Mon cher père, je m'empresse de vous annoncer l'heureuse délivrance de ma chère femme ; mais vous avez une cinquième petite-fille de plus. Ce qui vous prouve bien, mon cher père, que, mon frère et moi, nous sommes en tout moins habiles que vous. Ce matin à deux heures, ma femme dormait encore profondément ; à cinq heures, tout était terminé le plus heureusement du monde.

Ma mère et ma sœur se portent bien et vous font mille amitiés.

Nous vous embrassons de tout notre cœur, mon cher et bon père.

(11) *Lettre de Mme de Corcelle à sa fille Cladie, à Bagnolet.*

Paris, samedi 26 juillet 1825, 7 heures du matin.

Hier à cinq heures, ta sœur nous dit adieu, disant qu'elle avait affaire chez elle ; elle sentait déjà les douleurs. Aussitôt arrivée, les douleurs augmentent. M. Bigot a le temps de venir, et à sept heures elle nous donne une petite fille, on ne peut plus heureusement. Son mari vint à la minute me le dire. J'étais si éloignée de le croire, que je suis restée un instant sans le comprendre, je fus vite embrasser ta sœur, qui avait l'air d'être couchée par mollesse, tant elle était en repos. Ce matin, cela va aussi bien. J'espère bien te voir lundi, nous irons chez l'accouchée. La nouvelle venue ressemble à Hélène, celle-ci est ravie, Pierre aussi.

(12) *Lettre de Mme de Corcelle à sa fille Cladie, à la Duchère.*

Marcilly, 30 septembre 1826.

Je ne t'écris qu'un mot pour te dire que mon cœur et ma pensée sont avec toi, et que lorsque je respire, il me semble soulever toutes tes peines. Je voudrais des nouvelles de notre Albert à toutes les heures.

(13) *Lettre de Mme de Corcelle à sa fille Blanche-Joséphine, à Paris.*

La Sidoine, 19 août 1827.
(Écrit au retour d'une visite à Corcelle.)

Que le ciel soit bénit, chère enfant, de ton heureuse délivrance d'abord, puis de t'avoir donné un second fils ! Te dire ce que j'ai éprouvé en voyant l'écriture de ton mari sur une lettre adressée à ta bonne maman me serait impossible. Je n'ai pu résister à l'ouvrir, malgré l'adresse, et lorsqu'elle a été ouverte, je n'ai pu lire, tant mon cœur battait et mes yeux vacillaient. Enfin, lorsqu'il m'a été donné de connaître tout le bonheur qui nous était accordé, me voilà comme une folle embrassant ma belle-sœur, comme si elle devait sentir ce qui me suffoquait. Je te l'avoue, chère fille, ce garçon comble mes vœux ; je ne sais pourquoi, car je devrais cependant bien aimer les filles. En revenant de mon émotion, je courus bien vite faire mes excuses à ma pauvre belle-mère, qui comprit bien que je n'avais pu résister à la tentation.

J'ai beaucoup de questions en chemin, auxquelles je demande réponse. Je sais seulement qu'Antoine est beau, qu'il est vigoureux et affamé; c'est beaucoup, je demande bien plus encore. Je voudrais savoir toutes tes sensations, celles de tes enfants; enfin tout ce qui t'intéresse. J'ai l'espérance que vous irez prendre l'air de la campagne, cet automne. Je voudrais que Cladie fut de la partie. Pauvre fille! Je te la recommande, mon enfant; ma bonne fille, forte et tendre en même temps. Je pense à vous quatre, à la fois, ce qui fait que je pense continuellement à chacun de vous.

(14) *Lettre de Mme de Corcelle à sa fille Blanche-Joséphine, à Paris.*

30 août 1827.

C'est un grand soulagement pour moi de te savoir si bien tirée d'affaire. J'avais emporté ton enfant avec moi et, je te jure, il me pesait plus qu'à toi. Grâces au ciel, nous sommes délivrées; toi, de ton fardeau ; moi, de mes inquiétudes. Dis-moi donc si Antoine est si joli, et s'il ressemble à Pierre? J'ai failli mourir de rire lorsque j'ai appris par Cladie que Pierre demandait gravement si on garderait ce petit; qu'ils sont amusants, ces chers enfants!

(15) *Lettre de Mme de Corcelle à sa fille Blanche-Joséphine, à Paris.*

Marcilly, 22 septembre 1827.

Pauvre petit Antoine! quoi, une maladie mortelle, sans annonce, c'est affreux! Ma chère enfant, si quelque chose pouvait ajouter à mes regrets, ce serait de penser qu'il te ressemblait. Souvent, en fermant les yeux, je me le figurais avec tes traits et ta physionomie angélique. Cela me le faisait aimer davantage. Enfin ne pleurons point son bonheur. Si la religion n'enseignait pas une autre vie, la tendresse maternelle la concevrait. Quelle est la mère qui pourrait se résoudre à se séparer de son enfant pour toujours? Et moi, lorsque je vous quitterai, est-ce que je pourrais supporter de ne plus vous revoir?... Non, j'ai dans mon âme quelque chose qui repousse les limites du temps. Je crois que nous nous retrouverons tous, et que nos anges nous attendent...

(16) *Lettre du comte Roederer à son fils Toni, baron Roederer.*

Plombières, 24 septembre 1827.

Je te sais bien bon gré, mon cher fils, de te trouver à Paris au milieu de nos tribulations. Se pourrait-il que nous perdissions trois enfants en quelques mois? (Antoine venait de mourir, Pierre était mourant et le baron Roederer venait de perdre un fils.) Ce sont les père et mère que je crains de voir succomber dans ces douleurs. Ta femme est si changée et si souffrante! et je me figure notre convalescent à une si rude épreuve! et la pauvre mère, elle a une sœur qui ne se console pas. (Mme de Schonen venait de perdre son enfant.) Serait-elle de même? Et ce pauvre enfant qui avait déjà eu le temps de devenir aimable et si beau! L'idée que nos garçons seraient ou auraient été la force de la famille se perd dans la douleur présente. J'attends avec impatience et anxiété le courrier de demain. Si j'étais encore bon à donner du courage, des conseils et des consolations, je courrais à Paris ; mais tout cela m'est en défaillance...

(17) *Lettre de Mme de Corcelle à sa fille Blanche-Joséphine, à Paris.*

Marcilly, 6 octobre 1827.

Je t'ai tant écrit ! mais aussi j'ai tant souffert en toi et pour toi ! On est faible dans le malheur ; quand on a été frappé, il semble qu'on ne tient plus à rien. Ta première lettre m'avait mis la mort dans l'âme ; et pour comble de malheurs, le second courrier qui devait me rassurer fut retardé par le mauvais temps ! Enfin, grâce au ciel, nous voilà tranquilles sur nos malades ! bénissons le ciel, et résignons nous, chère fille. Il a voulu que les plus habiles se soient trompés, ou plutôt il a caché si bien son secret que nulle apparence ne pouvait le faire connaître. Comme tu l'as dit, mon enfant, il eut fallu le deviner ; et encore aurait-on eu le temps de réparer un mal si profond ! Ma pauvre enfant, ta lettre de détails m'a fait verser bien des larmes ; je la regrette, car elle brûle tes blessures. Enfin, bonne fille, laissons ce pauvre Antoine au ciel, heureux, et attachons-nous aux liens nombreux et tendres qui nous restent. J'espère que ton mari exigera de toi que tu veuilles te soigner et borner ton dévouement à des limites raisonnables, tu as assez de chagrins et de secousses pour songer à toi...

(18) *Lettre de Mme de Corcelle à sa fille Blanche-Joséphine, au Bois Roussel.*

Paris, le 25 janvier 1828.

Mme de N... a pris en passion Suzanne ; elle veut la marier. Mardi, nous fûmes invitées à une soirée, et voilà le frère de Mme d'H..., l'oncle de C..., qui suivait de près Suzanne et Mme de N... qui faisait des *a parte*. Or, il faut te dire que ce vieux garçon de cinquante ans a 40,000 livres de rentes, qu'il s'ennuie de son célibat, qu'il passe sa vie à épousseter ses petits meubles et à les faire bien tenir. Tu vois d'ici qu'on nous tiendrait pour fort heureuses, dans les lieux où l'on encense Plutus, d'obtenir les vœux de M. d'H..., mais ta sœur n'entend pas de cette oreille. Elle a antipathie des mariages d'affaires et ne veut pas même connaître. Que dire à Mme de N... ? Tu vois d'où tu es, que lorsqu'on n'apprécie pas les mêmes choses, on ne s'entend pas. D'un autre côté, nos amis Lafayette pensent à quelque chose pour ta sœur ; mais c'est bien vague ; seulement, elles la mettent à côté de leurs enfants et en concurrence disant que le choix décidera. C'est bien amical !... Ce sont des âmes adorables, des gens doués de toutes les vertus, de la droiture, du dévouement ; et tout cela avec une simplicité qui va au fond du cœur.

Lettre de Mme de Corcelle à sa fille Blanche-Joséphine, au Bois Roussel.

21 février 1828.

Mon enfant, les informations que nous ont obtenues les Lafayette sont superbes ; elles me montent la tête... Enfin, c'est si beau et si bon, que j'en suis à me demander si ce n'est pas un rêve.

(19) *Lettre de Mme de Corcelle à sa fille Blanche-Joséphine, au Bois Roussel.*

Paris, ce 22 juin 1828.

Rien n'abuse la pauvre Cladie ; il a si fort les traits du premier enfant qu'elle y voit une maladie du cerveau, et malheureusement notre oracle (le docteur Amard) est tout à fait de son avis. Il prescrit peu de chose ; des lotions froides sur le front avec de la valériane ; un peu de boisson si l'on peut ; enfin de la nourriture autant qu'on pourra. Il dit que ce sera long ! Ainsi, chère fille, nous revoilà avec Albert, dévorés des mêmes alternatives d'espérance et de crainte. Il est presque maigre comme lui ; sa malheureuse mère revoit le squelette qu'elle a soigné neuf mois !... Telle est notre situation... Juge de ce que mon cœur souffre ! Il n'est pas permis de pénétrer celui de Cladie. Son courage impassible est employé tout entier aux soins qu'elle donne à son enfant. Je suis sûre qu'elle n'a pas d'espérance ; pas même pour celui qu'elle porte, car sa grossesse se décide. Elle croit tous ses enfants condamnés à une maladie native... Tu penses bien, chère fille, que je ne la quitterai pas...

(20) *Lettre de Mme de Corcelle à sa fille Blanche-Joséphine, au Bois Roussel.*

Paris, 25 juin 1828.

Pleure sur nous, ma chère fille, notre Albert est allé ce matin rejoindre ton Antoine et son frère. Désormais, nous pouvons invoquer nos trois anges ! Que Dieu donne la force et la résignation nécessaires à la pauvre Cladie ! C'est en Lui qu'elle se confie, et l'espérance d'une vie meilleure, où elle retrouvera ses deux Albert, l'empêche seule de succomber sous le poids du malheur... Sois tranquille sur elle, mon enfant, une foi vive, la tendresse de son mari, celle de sa mère, voilà ses appuis... Pauvre petit, c'est la même maladie que son frère ! Bénissons le Ciel de ce qu'il n'a pas souffert comme lui. Ah ! mon Dieu, quelle vie !...

(21) Cette affection est exprimée en quelques mots, avec une effusion d'admiration et de tendresse qui ne nous laisse rien à désirer. C'est dans un quatrain, écrit de la main de notre grand-père, au bas d'un petit portrait de ma mère, fait au crayon. Il avait ce portrait, avec des miniatures, près de la glace, sur la cheminée du salon, au Bois Roussel :

Ne cherchez pas un cœur plus pur ;
Un esprit nourri de meilleure science ;
Elle sait captiver et charmer l'âge mûr ;
Consoler la vieillesse et diriger l'enfance.

ROEDERER.

Ce n'est pas ma mère qui eut reproduit ces vers dans sa notice ! Raison de plus pour les y mettre. *(Note de Mme de Barberey.)*

(22) Cette sobriété fut, chez mon grand-père, l'habitude de toute sa vie ; elle était volontaire ; sa santé, admirable jusqu'en ses quatre-vingts ans, ne la lui imposait pas. *(Note de Mme de Barberey.)*

(23) C'est pour vous-mêmes, mes chères filles, non moins que pour les infortunés, que je désire de vous voir bienfaisantes. La

Bienfaisance est la vertu qui rapporte le plus sûrement, le plus promptement et le plus abondamment des fruits à celui qui l'exerce. Il n'est pas de bonheur que n'augmente, pas de malheur que ne soulage la satisfaction d'avoir adoucit ou consolé l'infortune d'autrui. (*Conseils d'une mère à ses filles,* par M. ROEDERER.)

Plus nous avons sacrifié pour rendre un homme heureux, plus il nous est cher. Vient-il à mourir, sa mort nous ravit plus que notre bonheur, elle nous ravit le sien. (Comte ROEDERER. Opuscules : *Pensées détachées.*)

Il y a longtemps qu'on l'a dit, mais c'est aux mères à le redire à leurs enfants : L'argent qu'on emploie à faire du bien est placé au plus haut intérêt. Ce n'est pas que l'argent soit le seul ou même le principal moyen dont use la bienfaisance. Cette vertu, mes chères filles, n'est pas un privilège réservé à la richesse : on est bienfaisant sans donner; comme on est souvent fastueux et prodigue, sans être bienfaisant.

Sans doute, avec de la fortune, vous devez être libérales et vous ne devez pas borner votre bienveillance à répandre des paroles. Mais toujours aussi, des témoignages d'intérêt et d'affection doivent accompagner les mouvements de la main qui donne. Donner sans parler, sans se montrer, c'est jeter un secours comme on jette des os aux chiens.

On doit regarder les domestiques comme ses premiers pauvres, et répandre sur eux ses premiers bienfaits; mais j'observe qu'une femme, vraiment digne d'être chef de maison, doit veiller sur leur conduite, non seulement pour son propre intérêt, mais pour le leur; qu'elle doit leur faire connaître en quoi consiste celui-ci, le leur recommander souvent et les préserver autant qu'il se peut des vices que l'état de domesticité engendre, de l'oisiveté, de la vanité des beaux habits, du goût de la bonne chère, etc., etc. Ce ne serait rien faire pour eux, que de leur donner, si on ne leur inspirait le goût de conserver. C'est leur donner doublement, que de leur faire prendre l'habitude d'épargner sur ce qu'on leur a donné. Il faut souvent leur montrer l'avenir, qu'ils oublient presque toujours, parce que l'imprévoyance est le défaut de tous les esprits incultes. La bonté des maîtres envers les domestiques consiste donc essentiellement à les traiter comme des enfants mal instruits et mal préparés; mais j'ajoute, comme des enfants de la maison. Ayez en peu, et regardez leur entrée chez vous comme une adoption dont vous devez accomplir les devoirs... Vous avez peut-être été surprises, mes chères filles, de voir accolées ensemble, à la tête de cet article, la bienfaisance et l'économie; cependant, rien de plus naturel : pour être libérales, il faut être économes. Rien ne rend si avare que la prodigalité. Avec des goûts dispendieux, on ne peut pas satisfaire des inclinations généreuses. Il n'y a guère de fantaisie qui ne coûte plus que dix besoins; pas un un vice qui ne coûte plus que dix vertus. *(Conseils d'une mère à ses filles,* par M. ROEDERER.)

(24) Le goût immodéré de la parure est l'obstacle le plus ordinaire qui s'oppose à la bienfaisance des femmes. Leur cœur est naturellement porté à faire du bien, mais la frivolité de leur esprit les en distrait ordinairement. Elles sont souvent froides pour les malheureux par inattention; comme bien des hommes, par dureté naturelle ou dépravation. Des infortunés sont à leur porte, mais la marchande de modes est à leur toilette; la séduction de celle-ci l'emporte sur tout autre objet. On va jusqu'à se refuser le nécessaire pour se donner le superflu qui est offert à la fantaisie...

Je vous en prie, mes chères filles, gardez-vous d'embrasser l'état de jolie femme. Il offense le bon sens, et même la nature; car elle tend toujours à fortifier les principes, la raison, la vertu, à mesure qu'on avance en âge, et le métier de jolie femme tend aux efforts contraires. Il ne prépare que des humiliations pour l'âge de la maturité.... La nature vous a-t-elle accordé des charmes, gardez-vous de les gâter par l'art. Rien ne gâte la beauté comme d'y travailler. C'est à la nature qui la donne qu'il appartient de la conserver. *(Conseils d'une mère à ses filles,* par M. ROEDERER.)

(25) *Lettre de M*[me] *de Corcelle à sa fille Blanche-Joséphine, au Bois-Roussel.*

Paris, avril 1829.

Comment, te voilà critique! occupée à revoir les ouvrages

d'un académicien. Mais, mon enfant, il faut être fière de cette estime qu'il fait de toi. Il a raison; si j'avais à me faire connaître par un ouvrage, j'aimerais à obtenir l'avis d'une belle et grande âme, pure, droite, qui veillerait à ce qu'aucune de mes faiblesses ne passât à la postérité... Lorsque le censeur est pour ainsi dire identifié d'honneur et d'affection avec l'auteur, rien n'échappe. Je te crois donc très capable et très en mesure de donner un bon avis...

M. Roederer avait été nommé trois fois à l'Institut; la première fois, élu par l'Institut lui-même, et placé dans la classe des sciences morales et politiques, juin 1796. La seconde fois, par les membres de l'ancienne Académie française qui formèrent, en 1800, une société libre, et la troisième fois, par le décret qui forma une nouvelle Académie française dans l'Institut, et y fit entrer l'Ancienne Académie. Déjà, en 1789, il était membre de la Société royale des Sciences et des Arts de Metz. En 1800, il fut élu associé honoraire de l'Athénée de Lyon. En 1812, membre honoraire de la Société des Sciences et des Arts de Mayence, etc. *(Note de Mme de Barbarey.)*

(26) *Lettre du colonel Roederer à son père, le comte Roederer, au Bois Roussel.*

Paris, le 20 avril 1829.

Je vous remercie bien, mon cher père, des bonnes nouvelles que vous me donnez de vos santés et de tout ce que vous faites pour mon petit Normand. Mon beau-père est très content que son petit-fils porte, comme lui, le très peu recherché nom de Claude. Suzanne m'a dit, hier, qu'elle aurait fait des façons pour donner ce nom-là à son fils. Elle s'en est tirée comme une femme d'esprit, qu'elle est toujours, en accouchant d'une fille, qui a le nom de Marie.

(27) *Lettre de Mme de Corcelle à sa fille Blanche-Joséphine, au Bois Roussel.*

Paris, le 3 août 1829.

Je vois que je ne pourrai quitter Paris avant le 9. Cladie m'a demandé ce retard pour arranger sa maison et plusieurs affaires.

Il m'en coûte beaucoup de la sentir en ce funeste lieu, où je n'ai pas eu le courage d'aller encore. Il faut que je me sente la force de cacher toutes mes impressions à cette héroïque femme. Nous nous sommes séparées à la maison; son mari l'a emmenée; il m'a semblé que c'était encore un mariage, et je me suis sentie plus isolée que jamais, ma pensée a traversé le Bois Roussel, Le Havre, etc., puis je me suis dit : « Que mes enfants soient heureux! Voilà tout ce que je dois demander ».

Nous donnons ici une charmante lettre, adressée par le comte Roederer à sa belle-fille qui était allée à Paris, au mois d'août 1829. Cette lettre rend bien tout ce que ma mère nous a dit de la bonté de notre grand-père. *(Note de Mme de Barbercy.)*

« J'ai fait, ce soir, un trait d'audace dont vous frissonnerez; j'ai consenti que Pierre allât poser le bouquet des maçons, sur le haut des cheminées qui couronnent le pignon. Les maçons avaient tout arrangé pour la sûreté et Louis l'a porté sur les bras. Les Constant, les Adèle, les Jeannette étaient là. Pierre voulait monter; je consultais les autres et moi-même; pendant mon hésitation, il s'est fait porter au haut de l'échelle et a posé le bouquet.

Après quoi, il est redescendu, toujours sur les bras de Louis, mais un peu ému. En revenant à nous, il nous a dit sans fierté : « Je n'y remonterai plus. Si j'étais tombé! » Je lui ai dit : « Ne va pas leur faire croire que tu as eu peur; toi, le fils d'un soldat! Hélène qui grimperait sur un chêne! tu lui diras : moi, j'ai monté là-haut. » — Il s'est remis au premier mot. Il a rappelé Louis et a dit aux ouvriers qu'il voulait remonter *tout seul,* il a fait le brave, et nous a dit qu'il n'avait pas eu peur. Et voilà ce que c'est que l'honneur.

Vous me gronderez, peut-être; Adèle pleurait presque, quand elle l'a vu si haut; et moi, je n'étais pas à mon aise; mais, sans avoir envie de recommencer, je trouve qu'il y a quelque chose de gagné à cette expérience-ci : c'est d'avoir appris une situation où l'honneur doit maîtriser la peur, et avoir à se vanter d'un peu de courage.

Je vous embrasse, ma chère fille et mon fils, de tout mon cœur.

(28) Que de fois n'ai-je pas entendu notre chère tante Cladie dire que ma mère lui avait sauvé son Albert. L'air de la campagne fut, sans doute, favorable à l'enfant; mais qu'était ce bienfait auprès des soins si tendres, si intelligents qu'il reçut! Ici j'admire en un détail inaperçu l'incomparable modestie qu'avait ma mère; elle s'efface sans s'en douter. *Mon neveu s'éleva parfaitement bien ;* puis une simple remarque sur le bon air de la campagne. *(Note de Mme de Barberey.)*

(29) *Lettre de Cladie à sa sœur Blanche-Joséphine, au Bois Roussel.*

Paris, samedi 31 juillet 1830.

Chère sœur, je t'ai écrit hier sans savoir si ma lettre te parviendrait. Aujourd'hui, je ne le sais guère davantage. N'importe, je veux tout essayer pour te rassurer. Nous sommes fort tranquilles ici, point de provocation, point de pillage... Imagine-toi que je suis arrivée au plus fort de la bataille, jeudi, le jour où l'on se battait le plus; il m'a fallu venir à quatre heures du matin, de la rue Jean-Jacques jusque chez moi, à pied, au travers des soldats tirant, du peuple se défendant et rencontrant de malheureux morts sur le pavé. Toute la journée du jeudi a été une bataille continuelle. Mais depuis, tout est calme. De tous les départements, on apprend la nouvelle qu'on se lève en masse comme à Paris.

Les chambres assemblées hier ont décidé qu'on offrirait au duc d'Orléans la lieutenance générale du royaume. Aujourd'hui, on saura ce qu'il aura répondu. Papa et Francisque sont arrivés hier matin. Maman allait bien. Je lui écris tous les jours, ainsi qu'à toi. J'espère que tu m'écriras également tous les jours. Ton mari a été admirable pour nous. Je lui suis attachée à la vie à la mort... Quant à moi, je crois rêver. Ce n'est qu'à Houdan que j'ai appris les batailles de Paris. Juge de mon état jusqu'à mon arrivée. Comme j'ai eu raison de partir. La lettre de mon mari que je t'ai envoyée avait beau me rassurer, j'ai deviné tout de suite ce qui arriverait. Ecris-moi tout de suite ; donne-moi des nouvelles de mon Albert, de la nourrice. Ne lui raconte pas tout de peur de l'effrayer. Mon mari m'a demandé de ses nouvelles; dis-le lui. Aie bien soin de mon enfant. Pauvre enfant, remplace-moi; sois sa mère. Je vois à peine mon mari; il est à l'hôtel de ville, accablé d'affaires. Adieu, chère sœur, je t'aime de toute mon âme.

(29) *Lettre de Cladie à sa sœur Blanche-Joséphine, au Bois Roussel.*

Paris, dimanche 1er août 1830.

Je t'ai écrit tous les jours depuis jeudi, j'espère que tu es tranquille maintenant. Le duc d'Orléans est ici, depuis hier matin; il est allé à l'hôtel de ville accepter la lieutenance générale que le peuple lui donne *(sic);* jurant que la charte ne sera plus une illusion, il adopte les couleurs nationales avec joie. La Chambre s'assemble; tout Paris est dehors comme en un jour de fête; les barricades existant toujours se rendent ou capitulent... Je ne vois pas mon mari, il est installé à l'hôtel de ville. Ah! il s'est bien conduit! Quelle journée j'ai passé jeudi! J'en suis encore toute étourdie; des balles, des boulets passant devant moi. C'est égal, je suis bien heureuse d'être ici. On ne se fait pas idée du calme de Paris. J'ai reçu ta lettre de jeudi : Je t'en prie, un mot tous les jours, j'en ai besoin.

(31) *Lettre de Mme de Corcelle à sa fille Blanche-Joséphine.*

Le Havre, 8 août 1830.

Nous étions tous fort tranquilles ici, croyant que ces insensés avaient renoncé aux coups d'Etat. Ton père se disposait à partir le 31 pour arriver le 1er août à son poste. Mais voilà que le 26, ces désastreuses ordonnances viennent faire éclater une bombe incendiaire. Toute la journée se passa à dire : Résistera-t-on? Oh! mon Dieu, non, répondais-je, tout cela passera, jusqu'à un temps plus ou moins prochain. Que j'étais folle et injuste... Ton père attendait avec anxiété le lendemain pour savoir ce qu'il devait faire. Hélas! le lendemain annonça la criminelle attaque faite par Marmont et l'héroïque défense des Parisiens; le feu fut bientôt mis aux poudres. Ton père grillait de partir; on trouve, par bonheur, une place, la seule à la diligence. Francisque monte sur l'impériale à une chaleur qui aurait cuit un œuf (pendant les journées de juillet, le thermomètre marqua une chaleur à peu près constante de 37 degrés centigrades) et les voilà qui courent au danger, sans qu'il fût en mon pouvoir ni dans mon cœur de les en empêcher, car il est des devoirs plus forts que tous les sentiments les plus sacrés.

Le jour du départ, le lendemain et le surlendemain furent pour moi des jours d'agonie. Les courriers ne partaient plus; les voyageurs n'arrivaient point; on était réduit à mille nouvelles contradictoires, dont on ne pouvait découvrir la source. Enfin, dimanche 1er, nous commençâmes à respirer. On sut positivement que le sang avait cessé de couler et je fus rassurée sur nos messieurs arrivés après les dangers... Mais ces trois jours ébranlent toute une vie.

(32) *Lettre de Cladie à sa sœur Blanche-Joséphine.*

Paris, 4 août.

C'est du côté de la Chambre que nous devons tourner toutes nos pensées; c'est elle qui doit décider comment nous serons gouvernés; tout le monde attend. Il y a deux partis bien prononcés; les républicains et les orléanistes. Tout pourra s'accorder si l'on fait des concessions de part et d'autre... Voilà qu'on m'apporte la nouvelle officielle que le roi est parti de Rambouillet, cette nuit, accompagné de trois commissaires, lui servant de sauf-conduit jusqu'à la frontière.

As-tu vu M. de Lauray (maire de Séez)? Que dit-il? Me prend-il pour une visionnaire, moi qui lui disait si bien, il y a quinze jours, que nous allions nous battre? Je n'ai cessé d'en avoir le pressentiment depuis la première dissolution de la Chambre...

(33) *Lettre de Mme de Corcelle à sa fille Blanche-Joséphine.*

Le Havre, août 1830.

... De loin comme je le suis, je ne sais rien de la pensée des nôtres; ils ne m'écrivent pas et M. de Schonen va remplir sa mission tragico-dramatique.. Je parie que ce bon Schonen aura eu quelquefois les yeux mouillés en voyant cette infortune royale si faiblement défendue. Quand l'histoire s'écrira, la vérité passera pour une fausseté tant elle est invraisemblable.

(34) *Lettre de Mme de Corcelle à sa fille Cladie, à Paris.*

Le Havre, 27 août 1830.

... Je crois vraiment que la vertu de désintéressement viendrait par le dégoût qu'inspire la curée d'aujourd'hui. Mes espérances se sont fort assombries. Tu avais bien raison d'avoir peur des intrigants. Hors M. Dupont de l'Eure et M. de Broglie, y a-t-il de la capacité dans le ministère? Si l'on en juge par leurs actes, ma foi, on en doute! quelle dérision que ces préfets! Je me disais hier qu'on ne pourrait donner de bals cet hiver, car tous les danseurs sont préfets...

(35) *Lettre de Mme de Corcelle à sa fille Blanche-Joséphine.*

Paris, 7 septembre 1830.

... On est bien inquiet des affaires de Bruxelles (25 et 26 août, insurrection contre la maison d'Orange). Les nôtres se calment. On a arrêté quelques agitateurs et les rassemblements ont cessé; cependant le ministère est inaperçu. Les uns, comme MM. de Broglie et Louis ne changeront rien à leur personnel; les autres changent tout. M. Guizot fait des choix absurdes. Ton père appelle ce ministère le ministère des fourmis; cela n'est pas mal nommé pour exprimer ce petit travail souterrain et lent.

(36) *Lettre de Mme de Corcelle à sa fille Blanche-Josephine.*

Paris, 19 septembre 1830.

... Les doctrinaires, bien cachés derrière la légalité, sont vite arrivés pour prendre le timon du gouvernement; ils suivent une marche incertaine, tortueuse, qui blesse tous les honnêtes gens : cela donne lieu à une contre-partie. La jeunesse, voyant son dévouement perdu, se rassemble en un club intitulé *les Amis du*

Peuple; là, on délibère avec ardeur; on fronde hardiment; et de là, des terreurs de toutes parts. On croit revoir quatre-vingt-treize, sans penser que les éléments ne sont plus les mêmes. Le mal vient du tâtonnement des ministres, du peu de bonne foi de quelques-uns; et, enfin, de leur maladresse à se laisser déborder par l'opinion publique. Ce Dupin, avec tout son talent, est le mauvais génie du moment; et M. de N..., dont M. de Schonen faisait un aigle, paraît presqu'un oison, à tout le monde; mais un oison faisant toujours la roue. Le choix qu'on a fait du vieux Talleyrand, comme ambassadeur à Londres, a fait jeter les hauts cris. J'ai vu ce vieux renard, chez le général; et il m'a semblé, en le voyant cassé, courbé, rasant le tapis en marchant, que le moral devait se sentir de cette décrépitude...

(37) *Lettre de Mme de Corcelle à sa fille Blanche-Joséphine.*

Paris, 10 novembre 1830.

Mon appartement est commode, mais les inconvénients se montrent tous les jours; le plus fâcheux est d'y avoir des rats; jugez de mon désespoir! Demain j'aurai un chat; aux grands maux les grands remèdes. Demain aussi, le Roi aura un premier ministre; depuis plusieurs jours, on enfante un ministère sans pouvoir trouver la nuance bien juste qu'on désire; on casse aux gages les doctrinaries comme incapables; on ne veut pas de l'extrême gauche parce que les doctrinaires nous ont légué la peur. Des banquiers! Hélas! ne s'occuperaient-ils point plus de leurs intérêts que de ceux de l'Etat?... Enfin, jamais enfantement ne fut plus difficile. Mais vois un peu quel malheur! nous voilà, Cladie et moi, en formelle opposition. Son mari est doctrinaire, voulant l'amélioration progressive. Notre école à nous est d'avoir tout de suite des institutions bonnes et franches, qui mettent un terme à toutes ces inquiétudes... Imagine-toi que nous nous sommes disputées hier et que nous avons été obligées de faire une composition, celle de ne plus parler politique... Ce sera justement le sujet qui nous ramènera toujours: la langue nous démangera; mais je tiendrai mon engagement; car la pauvre Cladie est une vraie Cassandre et il n'est plus en mon pouvoir de supporter des inquiétudes ; mes forces sont épuisées. A force de sentir ou par faiblesse, je ne suis plus bonne à rien...

(38) *Lettre de Mme de Corcelle, à Marcilly, à sa fille Blanche-Joséphine.*

3 juillet 1831.

Ton père et ton oncle s'entendent le mieux du monde, quoique de nuance différente. Le bon oncle, modéré par caractère, se contente de progrès en espérance ; il croit même les voir, quelqu'imperceptibles qu'ils soient. En somme, ils sont du mieux ensemble ; la discussion de bonne foi, amicale, sans entêtement a quelque chose de divin dans ce moment-ci.

Nous ne savons, ou plutôt personne ne sait encore, ce que seront les élections, je conserve l'espérance que ni mon mari ni celui de Cladie ne seront nommés : ils ont tous deux assez fait. D'ailleurs, je désire ardemment que cette assemblée soit composée d'hommes nouveaux, qui n'auront ni passion ni prévention à soutenir. Trop de fiel était entre les deux partis, pour que les mêmes hommes puissent se persuader. Il en est des patriotes et des libéraux, comme des jansénistes et des molinistes ; moins il y a de distance, plus on est éloigné.

(39) *Lettre de Mme de Corcelle à sa fille Blanche-Joséphine,*

Marcilly, 20 juillet 1831.

Dimanche, chère fille, comme nous nous promenions avec M. le curé, voici venir une chaise de poste ! Réveillée par le clic-clac du postillon, je cours à la barrière ; un grand jeune homme saute du siège, je lui ouvre les bras ; c'était ton frère !... Voilà toute la gaieté de ton père qui revient avec la chaise de poste. On causa fort, on se promena, on mangea.

... J'ai bien d'autres choses à te conter. A peine si je sais comment je dois commencer, car j'ignore si c'est du bonheur ou de l'inquiétude qui se prépare pour moi. Mais non ! ce doit être du bonheur, puisque c'est celui de mon fils !

Le pauvre garçon est amoureux fou de Mélanie (Mlle de Lasteyrie) et il inspire le même sentiment. Elle a été franche avec lui. Le grand-père (le général Lafayette), la mère, les sœurs, toute la famille enfin, ont été au-devant des vœux de Francisque. On l'a traité comme un fils, sans lui demander ce qu'il avait à offrir. Le général vient d'écrire la lettre la plus aimable à ton père... Tout plein de raisons me font voir cette alliance avec joie ; la jeune personne me plaît ; elle connaît Francisque et n'est pas effrayée de sa gravité. J'ai confiance qu'elle conviendra bien à ton père et à moi. Je ne parle pas de l'honneur d'appartenir à une telle famille, car, plus que personne, je l'apprécie, plus que personne, je l'estime.

(40) *Lettre de Mme de Corcelle à sa fille Blanche-Joséphine, au Bois-Roussel.*

Paris, le 27 et le 28 septembre 1831.

Je vous ai conté dans une lettre à Suzanne les détails de la noce. Depuis, nous avons eu deux soirées : l'une chez les Tracy, l'autre chez le général (le général de Lafayette). Mélanie y a reçu force compliments et avait peu d'embarras. Voilà cinq dîners que nous faisons ensemble ; je la trouve douce et bonne ; son esprit me paraît juste et fin ; mais je ne trouve pas en elle ce mouvement, cette chaleur, *cette animation*, pour m'exprimer comme elle, qui distinguent si éminemment mes chères filles... La séance où la Chambre a approuvé le ministère d'avoir abandonné la Pologne et l'Italie a rendu la scission complète entre les partis. Ceux qui s'honorent d'avoir approuvé cette infamie ne peuvent plus s'entendre avec les autres. Le juste milieu convient qu'ils jouent à croix ou pile ; que la guerre est possible, mais qu'on a bien fait de la reculer. Tout le monde est effrayé de l'avenir. On ne voit personne, de quelque couleur que ce soit, qui ne flaire une dissolution prochaine. M. Guersant (célébrité médicale), que j'ai trouvé chez le général, auquel j'ai demandé s'il craignait le choléra, pour parler du métier, me dit : J'ai bien plus peur du choléra politique que du morbus. Cela va mal... Nous sommes tombés entre les mains de grands traîtres ou de grands imbéciles... Ton père est aussi dégoûté que moi et répugne presque à faire partie d'une Chambre qui met sa conscience à disputer sur les mots et n'a aucun principe fixe. On doit le porter à Châlons, malgré que le sous-préfet ait écrit au général de Thiard qu'il avait des ordres pour empêcher sa nomination... Les électeurs réussiront-ils? J'y suis fort indifférente. Lorsque la France verra où l'a conduite le juste milieu et qu'elle revienne à des hommes purs et généreux, à la bonne heure, nous désirerons alors d'être choisis.

(41) *Lettre de Mme de Corcelle à sa belle-fille, Mme François de Corcelle, au Bois-Roussel.*

Paris, 4 octobre 1831.

On m'interrompt pour me faire part de l'élection de M. de Corcelle à Châlons. Un courrier extraordinaire en a apporté la nouvelle au général de Thiard. Mon mari me charge de vite vous en faire part à tous. On n'a pas encore de grands détails; mais on croit cependant que l'élection a eu lieu à une grande majorité. Tant mieux pour les électeurs, ils ont su reconnaître un beau, pur et noble caractère! Passez-moi ce petit trait d'orgueil, ma chère fille, il vous prouvera combien je vous crois mienne, car on n'a pas de vergogne avec ses enfants...

(42) Aspect des rues de Paris.... De quelque côté qu'on regardât dans les rues, on ne voyait que convois funèbres; et ce qui était plus mélancolique, des convois que personne ne suivait. Comme les voitures à cet usage ne suffisaient pas, on employa toutes sortes de voitures, qui, tendues de noir, avaient l'aspect le plus étrange. Celles-là finirent par manquer aussi; et je vis emporter des cercueils dans des fiacres. On les mettait en travers, de façon que les deux extrémités sortaient par les portières. (Henry Heine.)

Durant la première période du choléra, du 30 mars au 17 juin, le nombre des victimes dans Paris s'est élevé à	13,901
Durant la seconde période, du 9 juillet à la fin du mois	4,501
A reporter.	18,402

Report.	18,402
Les décès dans les arrondissements de Scéaux et Saint-Denis ont été de	3,336
Total.	21,738

(Mémoires de M. Gisquet, ancien préfet de police)

(43) *Lettres de Mme de Corcelle.*

Paris, 20 avril.

La période décroissante de l'épidémie a déjà commencé; encore quelques jours stationnaires, tout présage au déclin rapide. En attendant, il faut user d'une prudence extrême, ce que nous faisons. Peut-être Dieu aura-t-il pitié de nous et se contentera-t-il du sacrifice de notre pauvre petit. Je pleure cet enfant amèrement, sans que l'anxiété du moment puisse m'en distraire...

30 avril.

... Personne ne se voit; on se groupe en famille; tout le monde est triste, inquiet. Du reste, aucun de nos près amis, ni de ceux de Mélanie, n'ont été atteints; mais on partage le deuil général. Joséphine est toujours la femme forte, allant fortifier tous les faibles. Son Pierre est enfin placé, rue du Rocher; les petites vont très bien, il n'y a pas de malades au couvent (le Sacré-Cœur, rue de Varennes). A Lyon, on se prépare à recevoir le fléau; l'exemple de Paris a mis en bon chemin de prévoyance. J'engage beaucoup le bon oncle à n'y pas rester, car il n'a nul devoir à y accomplir.

(44) *Lettre de Mme de Corcelle à sa fille Blanche-Joséphine, à Paris.*

Marcilly, 6 septembre 1833.

... La vente de Marcilly met tout le pays en émoi. Andrée, la basse-cour, jusqu'aux chiens, tous cherchent à se nicher. C'est triste à voir cela! Tout est à la débandade; mais, cependant, Mélanie a mangé du fruit comme une belette. Je doute qu'elle en ait mangé autant de sa vie. On dit qu'il y a force pommes, cerises et prunes aux Cotteins (terre nouvellement achetée par M. François de Corcelle). Il faudra bien en faire notre Marcilly !...

(45) *Lettre de Mme de Corcelle à sa fille Cladie.*

Marcilly, 15 mai 1833.

... Donne-moi aussi des nouvelles de notre Joséphine. Hélas, elle aussi occupe mon âme. Que de misères elle a en ce monde, et surtout en ce moment. (La maladie de son mari.) Mes bien-aimées filles, vous êtes présentes à mon esprit, à toutes minutes ; que dis-je ? Vous faites partie de moi-même ; je vis en vous et pour vous. Je crois vraiment, que lorsque je vous quitterai, vous aurez quelque chose d'incomplet. Cet amour maternel ne s'exprime pas ; il faut en jouir, et le renfermer, de peur d'en affaiblir l'expression...

(46) De nouvelles émotions se préparaient pour ma mère. L'impitoyable maladie qui devait enlever, à ses jeunes enfants, le père le plus tendre se déclara dans les derniers mois de l'hiver. Elle était la suite de tant de maux qu'il avait soufferts dans sa captivité en Russie. Sa saine et robuste constitution avait résisté là où tant d'autres périssaient. Dix années depuis s'étaient écoulées, presque toujours menacées. L'espoir de prolonger ses jours, maintenant s'évanouissait. Seule, ma mère la conservait et nous avec elle. A la suite de ces crises qui se renouvelaient toujours plus rapprochées, un mieux, si léger qu'il fût, nous apparaissait comme un gage de guérison. « L'espérance est un amour qui attend. » Nous attendions. *(Note de Madame de Barberey.)*

(47) *Lettre du comte Roederer à sa petite-fille Alexandrine Roederer.*

Du Havre, 10 septembre 1833.

... Malgré ma résolution de ne pas sortir de Matignon, me voici au Havre. J'y suis accouru apprenant que Pierre venait de faire une maladie, que son père était si malade que Madame Rœderer ne pouvait le quitter, et qu'elle était réduite à envoyer

Pierre prendre les bains de mer avec madame Constant. Je n'ai pas voulu que cet enfant fut un sujet d'inquiétude pour le père et la mère, qui avaient assez de leur propre affliction, et j'ai pris aussitôt mon parti. Depuis trois semaines, il n'y a pas eu un jour sans tempête, par un vent froid comme en décembre. Pierre a néanmoins pris vingt-deux bains de mer, et il est parti ce matin, très bien, pour retourner à Paris. De mon côté, je pars dans deux heures par le paquebot à vapeur pour Honfleur, d'où je regagnerai mon gîte.

(48) *Lettre de Blanche-Joséphine à son beau-père, le comte Roederer, à Matignon*

Paris, ce 29 septembre 1833.

Mon cher père, voilà huit jours que vous êtes revenu à Matignon et voilà onze jours que nous n'avons eu de vos bonnes lettres. Quand vous aviez Pierre, vous nous donniez plus souvent le bonheur de recevoir de vos nouvelles avec les siennes ; cependant, nous avons bien à cœur d'en recevoir de vous seul. J'ai su que vous étiez arrivé en bonne santé ; mais cela ne me suffit pas ; je suis affligée de ne pas l'avoir appris de vous. Pardonnez-moi, mon cher père, il y a des moments où il me semble que vous ne vous représentez pas bien l'émotion qu'a fait naître en nous votre extrême bonté en faveur de notre enfant et de notre triste position ; aussi ne pouvez-vous pas savoir à quel point il nous est nécessaire d'être rassurés que cette bonté ne vous a causé ni trop de souffrances, ni trop de fatigue. Je ne puis m'empêcher de vous parler de mon chagrin...

(49) *Lettre de Blanche Joséphine au comte de Roederer, à Matignon.*

Paris, ce 9 décembre 1833.

Mon cher père, je sentais avec vous ce que votre triste petite lettre me dit ; et ne pouvant vous porter un soulagement que j'attends moi-même avec souffrance, quelquefois avec décourament, je garde aussi un pénible silence avec vous. Dieu, que je serais heureuse de pouvoir le rompre !

Mon beau-frère a trouvé mon mari dans le même état qu'il l'avait laissé et qu'il vous a dit. Nous avons peu d'espoir de changement ; mais l'hiver, le mal n'augmentant pas, nous devons le regarder presque comme un bien. Je n'ose plus désirer de vous voir ici ; mon frère m'ayant dit que vous souffririez de venir. Ne regrettez pas votre santé, mon cher père ; il ne manquerait à votre pauvre fille que d'avoir de l'inquiétude sur vous. Daignez agréer son tendre et profond respect et le partage qu'elle fait de vos peines qui sont tant les siennes !

(50) *Deuils qui frappèrent la comtesse Roederer après 1833.*

1834. 21 novembre, Louise-Eve de Guaita, comtesse Roederer.

1835. 12 janvier, Pierre-Louis, colonel comte Roederer, à l'âge de 53 ans.

1835. 3 mars, Jacques-Jean de Rivérieulx de Varax.

1835. 17 décembre, Pierre-Louis, comte Roederer, à l'âge de 81 ans.

1837. 4 septembre, Claude de Varax de Marcilly, à l'âge de 77 ans.

1840. 4 février, Hélène de Rivérieulx de Varax, Mme de Corcelle, à l'âge de 66 ans.

1843. 17 février, Blanche de Varax, Mme de Guichard, à l'âge de 79 ans.

1843. 21 juin, Claude de Corcelle, à l'âge de 75 ans.